NSCA 运 动 表 现 提 升 训 练 丛 书

美国国家体能协会
核心训练指南 （修订版）

[美] 美国国家体能协会(National Strength and Conditioning Association)
杰弗里·M.威拉德逊（Jeffrey M. Willardson） 主编　王轩 译

人民邮电出版社
北京

图书在版编目（CIP）数据

美国国家体能协会核心训练指南：修订版／美国国家体能协会，（美）杰弗里·M. 威拉德逊主编；王轩译. -- 2版. -- 北京：人民邮电出版社，2019.7
（NSCA运动表现提升训练丛书）
ISBN 978-7-115-51161-4

Ⅰ. ①美… Ⅱ. ①美… ②杰… ③王… Ⅲ. ①体能—身体训练—指南 Ⅳ. ①G808.14-62

中国版本图书馆CIP数据核字(2019)第079500号

版权声明

免责声明

本书内容旨在为大众提供有用的信息。所有材料（包括文本、图形和图像）仅供参考，不能用于对特定疾病或症状的医疗诊断、建议或治疗。所有读者在针对任何一般性或特定的健康问题开始某项锻炼之前，均应向专业的医疗保健机构或医生进行咨询。作者和出版商都已尽可能确保本书技术上的准确性以及合理性，且并不特别推崇任何治疗方法、方案、建议或本书中的其他信息，并特别声明，不会承担由于使用本出版物中的材料而遭受的任何损伤所直接或间接产生的与个人或团体相关的一切责任、损失或风险。

内 容 提 要

本书解析了核心区的解剖学结构及其对运动表现产生影响的原理和过程，介绍了不同类型的核心评估方法和核心训练计划的制订原则，并通过真人示范图解的方式对73个核心训练动作进行了分步讲解。与此同时，本书提供了针对棒球、垒球、篮球、足球、高尔夫球、冰球和足球在内的12种专项体育运动设置的核心发展训练计划，旨在帮助专业运动员和运动爱好者发展强大的核心功能，获得优秀的运动表现。

◆ 主　　编　[美]美国国家体能协会
　　　　　　（National Strength and Conditioning Association）
　　　　　　杰弗里·M. 威拉德逊（Jeffrey M. Willardson）

　　译　　　王　轩
　　责任编辑　刘　蕊
　　责任印制　周昇亮

◆ 人民邮电出版社出版发行　　北京市丰台区成寿寺路11号
　　邮编　100164　　电子邮件　315@ptpress.com.cn
　　网址　http://www.ptpress.com.cn
　　北京天宇星印刷厂印刷

◆ 开本：700×1000　1/16
　　印张：12.5　　　　　　　　2019年7月第2版
　　字数：229千字　　　　　　2025年11月北京第26次印刷
　　著作权合同登记号　图字：01-2016-4063 号

定价：78.00 元
读者服务热线：(010)81055296　印装质量热线：(010)81055316
反盗版热线：(010)81055315

修订序

  《美国国家体能协会核心训练指南（修订版）》原名《核心发展训练：理论要点、动作练习与专项运动训练计划》，于2017年首次出版。本书以科学、系统、全面的核心训练知识体系为基础，一方面详细介绍了与核心训练密切相关的理论知识；另一方面给出了涵盖多种运动专项的针对性训练方法，旨在有效提升运动者的运动表现。因此，本书受到了广大读者的认可。

  为了进一步突出本书由美国国家体能协会联合众位运动科学专家与教练编写的权威性和专业性，直观地呈现图书定位和特点，在本次修订中将《核心发展训练：理论要点、动作练习与专项运动训练计划》更名为《美国国家体能协会核心训练指南（修订版）》。

  此外，由于旧版图书在内容表达上尚存在一些不足，本着严谨求实、对读者负责的态度，对书中内容进行了修订。修订后的图书，内容更加准确，也将更加方便读者使用。

  最后，如本书仍有疏漏或尚需改进之处，敬请同行专家以及广大读者指正。

2019年1月

译者序

美国国家体能协会（National Strength and Conditioning Association，NSCA）是全球体能领域最权威的专业组织。本书作为NSCA参与主编的核心训练指导图书，其专业性毋庸置疑。专业运动员、体能教练、健身教练和体育运动爱好者都能从本书中获益。

几乎所有体育项目的进行都需要核心肌群的参与，并且对于大多数运动项目而言，核心肌群能力的高低很大程度上决定了运动员运动表现的优劣。如何练习核心肌群，如何为某个专项的运动员设计出符合其参与项目特点的核心训练计划，都将在读完本书后得到答案。

核心肌群不仅在各类体育运动中发挥着举足轻重的作用，还在人们的日常生活中肩负着重要使命。坐、立、卧、躺、进行家务劳动，无一不需要核心肌群参与其中。日常生活中，最普遍发生的肌肉骨骼损伤是腰痛。研究表明，在美国，人们每年会花费超过250亿美元治疗腰痛。针对腰痛，大多数医生和治疗师会采用保守治疗方法，但是如果想从根本上有效避免腰痛的反复发作，制订一个侧重于训练核心肌群的综合性训练计划可能是最佳的治疗策略。从这一角度来说，本书也许会成为改善生活质量的重要工具。

本书内容分为两大部分，第1部分阐述了核心区的解剖学和生物力学方面的知识，简单地介绍了核心评估方法，并以大量研究成果为基础向读者阐释了运动中核心肌群的参与形式。第2部分讲解了大量核心训练的具体练习，搭配清晰的图片和准确的文字，展示了徒手和在各类器械配合下核心肌群的训练方式。第2部分是本书的一大特色，利用11章展示了适合12种运动项目的核心训练方式和计划设计思路。所谓术业有专攻，本书主编邀请了各领域的专家作为各章的作者，从专业的角度介绍了各个项目的训练思路。这从另一个角度体现了NSCA及本书的专业性和权威性。本书的撰稿人多达16名，均是运动健身方面的知名专家学者，在各自研究领域有着丰富的理论和实践经验。正因为如此，相信阅读本书能让你得到不少启迪。

核心训练是目前健身领域最热门的训练之一，人们对核心肌群的重要性的认识早在数年前就达到了一定的高度。核心训练方法虽然种类繁多，但一直没有较为权威的指导标准。近些年，很多人开始意识到，强大的核心肌群不是几组高强度腹肌训练就能打造的，而核心肌群的能力除了塑造肌肉形态外，还包括专项核心能力的提高和核心能力向专项能力的转化。本书作为NSCA参与主编的权威指导图书，能够为训练者提供更为全面的发展核心能力的训练方案，帮助人们塑造完美核心，并将其能力运用到赛场上。

　　感谢人民邮电出版社的信任，让我完成本书的翻译工作，将这本专业之作呈现到读者面前。感谢国家体育总局体能训练中心王雄主任在本书出版过程中给予我的帮助和支持。

　　让我们赶快开始阅读本书，感受核心训练的魅力吧。

王轩

2017年8月1日

目 录

前言 ix

第1部分 核心发展要点

第2部分 专项体育运动的核心发展

前　言

　　所有运动员应优先解决的问题之一就是确保核心肌肉得到充分训练。近年来，在大众媒体和科学期刊上有大量文献阐明了这些肌肉对动作效率和运动成绩的重要性。身体的核心区由被动的骨骼、主动的肌肉和神经组成。核心肌肉的重要作用之一是维持躯干的稳定性。在这方面，关于核心肌肉训练的早期文献源于物理治疗法和运动防护研究，其目的是减轻腰部疼痛和纠正错误姿势。

　　理论上，核心肌肉训练能够让健康人的躯干变得更紧实，为之提供一个让上肢和下肢产生更大力矩的平台，从而改善运动表现。换句话说，一个稳定的躯干能够让运动员以更大的力量进行推、拉、踢或投掷。然而，如果没有神经系统通过骨骼支配和转移力矩，光产生更大的力矩是没有多大作用的。因此，运动员核心肌肉训练的重点不一定是发展最大力量，而可能是发展更好的运动控制。这可以通过一系列循序渐进的个性化训练来实现，其中可能涉及各种在体育比赛中出现的核心肌肉运动模式。

　　就运动员的培养而言，绝大多数体能训练专家一贯主张：使用自由重量（和绳索）的稳定站立动作的比例低，而坐在训练器械上的稳定动作的比例高。这种基于机械设备训练的一个主要缺点是：对大多数体育技能而言，躯干稳定性需求受到限制，而且姿势没有专项针对性。在过去的十年里，体能训练专家一直着力于制订涉及各种姿势的训练计划，以加强核心肌肉的运动控制要求，形成专项体育运动所需的躯干稳定性和灵活性的最佳组合。

　　本书开创性地全面解决与专项运动核心肌肉训练相关的几个关键问题。本书汇集了一批优秀的运动科学家和教练，提供了最前沿、最准确的信息，并从最基础的一章开始，根据当前的科学共识确定了核心区的解剖学定义。绝大部分体能训练专家都认为核心肌肉由腹部和下背部肌群构成。然而，本书不仅阐述其他几组核心肌肉的功能，包括将躯干与上下肢连接的核心肌肉，还阐述神经整合和核心肌肉的生物力学机制对高效运动的作用。

　　为核心区设计恰当的训练的关键问题之一是明确个人核心肌肉的功能水平，包括稳定和移动躯干的能力。评估和训练包括等长和动态机制，它们可以逐步与上肢和下肢的动作相结合。本书包含一系列经过科学验证的、可靠的最新测试和评估步骤，可以随时将其加入到大多数训练过程之中。然后，锻炼者可以基于运动控制水平和个人的薄弱环节设计训练方案。

　　核心肌肉训练的一个关键问题是在物理治疗法或运动防护研究中所建议的训练方式可能无法为健康人群提供足够的适应性训练。因此，超负荷和循序渐进是制订核心肌肉训练计划时应考虑的关键因素。本书包含了关于核心肌肉功能以及增加核心肌肉负荷的最安全方法的研究，并对其展开讨论，其中循序渐进的方法和一般性指导原则适用于各个运动级别的人。

　　最后，本书为12种不同的体育运动提供了专项核心肌肉训练计划的建议。本书通过不同的训练阶段和目标来有效地进行核心肌肉训练。为了便于理解和操作，每项体育运动部分都提供了包含参考数值的表格和相关图片。总之，本书凝集了迄今为止最全面的以科学共识为基础的应用知识，能够用于有效地训练核心肌肉，并能提升运动表现。

第1部分

核心发展要点

核心区的解剖学结构和生物力学机制

杰弗里·M. 威拉德逊

要想设计出恰当的核心肌肉训练计划，就需从解剖学上定义什么是核心区，以及认识核心区在进行高效、有力的运动中所起的作用。从解剖学上，核心区可以被定义为躯干区域，其中包括骨骼（如肋骨、脊柱、骨盆带和肩带）、关联被动组织（软骨和韧带）以及引起、控制或阻止该区域的活动的主动肌肉（见图1.1）（Behm et al., 2010a, 2010b）。中枢神经系统调节核心肌肉的相对活动（和放松），因此在设计训练计划时应该让核心肌肉按照类似于体育运动期间所要求的方式去活动。

在这方面，健身专家通常将术语"核心"和术语"功能性"一起使用（Boyle, 2004；Santana, 2001）。术语"功能性"用来描述更侧重于特定任务能力或者具备更好的体育表现能力可转移性的训练（Boyle, 2004；Santana, 2001）。虽然训练的功能性通常基于主观判断，但是人们一般认为那些将核心肌肉和上下肢动作相结合的训练具有更大的功能性或可转移性。

在大众媒体上，术语"核心训练"通常被用来推广那些针对腹部肌肉的训练方法或设备。在这种营销计划中，主要焦点往往是潜在的健美效果（"六块腹肌"），而不是潜在的功能性或运动能力的改善。为了有效地发展核心肌肉，有必要建立具有更强的科学客观性的训练方法，而侧重健美效果的训练（如使用训练机的卷腹）则放在次要的位置，因为后者转换成动态运动能力的效率较低。涉及核心肌肉的全身综合训练（如后面章节中所述）可能更有利于改善运动的能力和表现。这些类型的训练需要将核心肌肉的动态动作（其中肌肉通过缩短或伸长来发起或控制动作）或等长动作（其中肌肉是收紧的但没有发生动作）与上肢和下肢的其他肌肉的动态或等长动作相结合

（Kibler, Press & Sciascia, 2006；McGill, 2006；McGill, 2007）。此外，这些类型的训练通常是在站立或"比赛"姿态下完成的，具有类似于运动技能的运动学特点（如范围、时间和关节活动类型）和动力学特点（如产生的力量）。

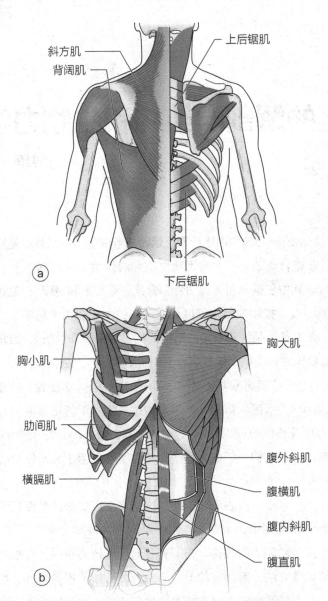

斜方肌
背阔肌
上后锯肌
下后锯肌
ⓐ

胸小肌
肋间肌
横膈肌
胸大肌
腹外斜肌
腹横肌
腹内斜肌
腹直肌
ⓑ

图1.1 核心区的解剖学结构的后视图和前视图

然而，锻炼核心肌肉的全身综合训练只是体能训练计划的一部分，而且这类训练的设计应该基于个人的需求。本章的第一个目的是定义和描述核心区所有的解剖学组成部分，加深对如何有效地设计核心肌肉训练计划的基本认识。本章的第二个目的是讨论核心肌肉对脊柱稳定性和提高运动表现的生物力学的重要性。

核心区的解剖学定义

在科学出版物中，核心区的精确解剖学定义并不一致，因为基于不同作者的观点和研究领域会出现不同的定义（Willson et al.，2005）。此外，核心训练这个术语在健身背景下也有不同的定义，例如，用于区分（1）构成典型阻力训练计划的基础训练，比如爆发力高翻、后深蹲和站立过顶推举；（2）专门针对核心肌肉的训练，旨在增强脊柱的稳定性，并增强将力矩（即导致关节运动的肌肉力量）和角速度（即关节活动的速度）从下肢转移到上肢的能力。

根据第二个定义，思考下肢和核心肌肉对棒球的有效投球能力的重要性。高速投掷棒球的能力并不仅仅取决于投球那侧手臂的肌肉。相反，力矩和角速度从下肢通过核心区逐渐积累，最终在球被抛出时从手臂释放。活动关节的时机对于有效地将力矩和角速度从下肢传递到上肢非常关键。因此，核心区就像是下肢和上肢之间的桥梁；必须以正确的方式训练核心肌肉，以便形成足够的脊柱稳定性，同时有效地动态传递力矩和角速度。

一个关键点是上述两个定义有交叉的部分，因此有些训练能够同时兼顾这两个定义。具体而言，爆发力高翻、后深蹲和站立过顶推举训练都需要某些核心肌肉（例如竖脊肌群和臀大肌）的等长和动态动作。基于本章和本书的目的，将核心训练定义为任何刺激神经肌肉活动模式的训练，确保在锻炼出稳定的脊柱的同时，实现高效、有力的动作（McGill，2001；McGill et al.，2003）。根据这个定义，核心稳定性最好通过单独讨论被动和主动组织的重要性和作用来阐明，然后讨论神经系统如何控制核心肌肉来形成脊柱稳定性和运动能力的最佳组合（Panjabi，1992a，1992b）。

核心区的解剖学结构——被动组织

在大众媒体上，"核心"这一术语通常仅与一小部分肌群相关联，特别是腹肌。然而，核心区与其他被动组织也是相关联的，如骨骼、软骨和韧带。骨骼为身体提供一个结构框架，该框架作为一个杠杆系统，在神经调节下通过肌肉力矩（导致关节活动的肌肉力量）来引发、控制或阻止身体运动。肌肉骨骼系统是类似于在关节处通过韧带（将骨骼连在一起的结缔组织）连接起来的强壮骨骼组成的动力链（由关节连接的骨骼）。关节起到轴心作用，拮抗肌肉和重力力矩围绕它发挥作用。从本质上讲，重力对身体和训练器械（杠铃、哑铃和药球）产生向下的作用力来产生阻力；反过来，在引发、控制或阻止动作的发生过程中，全身的肌肉产生张力（由神经系统调节）以对抗重力。身体的核心区通过肌肉拉紧来稳定，而稳定的核心区是一个强大的平台，允许上肢和下肢做出强有力的动态动作，如投掷、踢或拦截等。

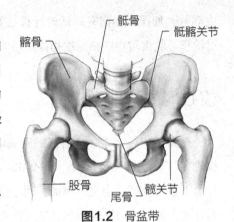

图1.2 骨盆带

核心区的解剖学结构的骨骼部分包括组成骨盆带的骨，即左髋骨、右髋骨和骶骨。骨盆带通过骶髂关节连接到躯干，通过髋关节连到下肢（见图1.2）（Floyd, 2009）。因此，核心区的解剖学结构代表一条动力链，力矩和角速度通过它从下肢转移到上肢。

脊柱由33节椎骨组成；如图1.3所示，有7节颈椎、12节胸椎、5节腰椎、5节骶椎（融合在一起）和4节尾椎（融合在一起）。因此，人有24节可活动的椎骨（$C_1 \sim L_5$），其中颈椎和腰椎的活动能力最大，这是由颈胸椎（$C_7 \sim T_1$）和胸腰椎（$T_{12} \sim L_1$）的椎间关节（见图1.4；位于相邻椎体的上关节突和下关节突之间的

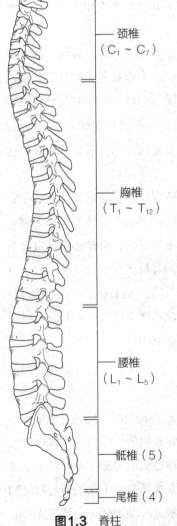

图1.3 脊柱

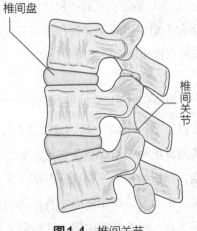

图1.4 椎间关节

关节）发生变化造成的（Boyle, Singer & Milne, 1996；Masharawi et al., 2004；Oxland, Lin & Panjabi, 1992）。脊柱可能的活动方向包括矢状面（前后方向的动作，比如卷腹）的弯曲和伸展，冠状面（侧向和内向的动作，比如哑铃侧向弯曲），以及横断面的转动（向左或向右转动躯干，比如抛药球）（Floyd, 2009）。

术语"核心活动"前面往往加上术语"腰部"或"躯干"，以表明活动的主要区域。例如，做腹部卷腹需要弯曲腰部，而抛药球通常需要旋转腰部。然而，核心活动代表着许多发生在椎骨之间的椎间关节的小规模活动的巅峰（Floyd, 2009）。

就椎骨之间的椎间关节而言，在没有韧带和椎间盘的被动阻力的情况下（收紧韧带进一步限制运动），它们可以在每个平面上（矢状面、冠状面和横断面）进行角度范围为1 ~ 2度的活动。这种无阻力的活动范围在术语上称为中性范围（McGill, 2007）。在阻力训练中保持腰椎在中性范围内活动是最理想的状态，不仅可以防止被动组织受到过度应力，还有助于激活核心肌肉。通过肌肉紧张来让脊柱变结实是保持中性范围的关键，而且可以最大限度地提高脊柱的稳定性（Panjabi, 1992a, 1992b）。

在各种负荷下（例如在后深蹲时将杠铃压在肩膀上时）保持脊柱稳定性和姿势高度依赖于保持腰椎在中立位内。当腰椎处于中立位时，肌肉能最有效地提供最大的稳定性支持。相反，当腰椎处于弯曲姿势（在中立位之外）时，神经系统会抑制脊柱伸肌增加张力；因此，由被动组织（软骨、韧带和椎间关节）提供大部分稳定性支持，这就大大增加了这些结构的受伤风险（McGill, 2007）。

单独考虑可以发现，被动组织稳定脊柱的能力是有限的。例如，脊柱的腰椎部的力学模型表明，若没有肌肉的支持，脊柱承受大约9千克负荷就会被压弯（Cholewicki, McGill & Norman, 1991）。显然，这根本不足以支持体重，更不用说负荷更大的阻力训练、运动技能训练和日常活动。因此，激活核心肌肉以对满足所有身体活动对脊柱稳定性的要求至关重要。

核心区的解剖学结构——肌肉

肌肉提供必要的力矩来引发运动（例如肌肉向心收缩）、控制运动（例如肌肉离心收缩）或阻止运动（例如肌肉等长收缩）。除了腹部肌肉之外，还有几个部位的肌肉也被视为核心区的一部分，具有稳定身体和动态运动功能。关键的一点是，能够在所有静态姿势和运动场景中单独实现这些功能某块最重要的核心肌肉是不存在的。

人们一直过分强调腹横肌，将其视为最重要的脊柱稳定肌。这种错误的观念源于一项表明腹横肌是手臂抬起之前第一个被激活的核心肌肉的研究（Hodges &

Richardson, 1997）。然而，这项研究仅限于评估比较简单的运动任务。更复杂的运动任务强调核心肌肉的不同激活模式，具体取决于姿势、外部负荷和呼吸方式。

正因如此，体能教练应该根据具体任务考虑每块核心肌肉的相对重要性，而且这种相对重要性可能随时发生变化（Arokoski et al.，2001；Cholewicki & Van Vliet, 2002；McGill, 2001；McGill et al.，2003）。千变万化的姿势和外部负荷通过重力对脊柱、关联韧带、椎间关节和椎间盘产生作用。为了保持脊柱稳定性，必须以力量相等、方向相反的肌肉动作来抵抗这些阻力负荷。不同的核心肌肉具有对应不同方向的肌肉纤维，通过同时激活躯干两侧的拮抗肌来形成足够的脊柱稳定性或刚度，同时在必要情况下允许脊柱活动。因此，发展核心肌肉的最佳方法是采用稳定功能（例如等长肌肉动作）和动态功能（例如向心和离心肌肉动作）相结合的大量不同的练习。

每块核心肌肉的功能重要性都不一样，具体取决于横截面积、纤维排列和瞬时稳定性或动态功能。例如，一些核心肌肉（例如竖脊肌群的最长肌和髂肋肌；见图1.5）跨越几节椎骨，而且拥有很长的力臂（即从关节到肌肉在骨骼上的附着点的距离），这使得它们非常适合为躯体伸展产生大力矩（McGill, 2007）。因为肌肉力矩等于肌肉力量和力臂的乘积，所以力臂越长，能产生的肌肉力矩越大，脊柱稳定性和肌肉的运动功能也就越能得到增强。

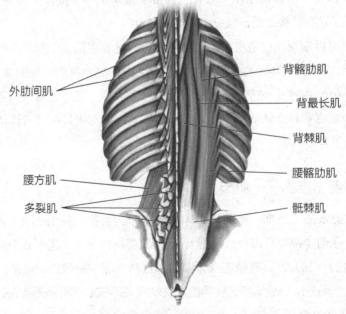

图1.5 竖脊肌群的肌肉

例如，在罗马尼亚硬拉训练中，最长肌和髂肋肌通过等长作用将骨盆以前倾方式固定住（即在腰椎伸展的同时骨盆向前倾斜），这就允许臀大肌和腘绳肌分别动态地引起和控制髋关节的交替伸展和屈曲动作。教练在指导这项训练时，看到的正确动作应该是训练者在髋关节形成一个"转轴"。

相反，其他核心肌肉（例如回旋肌、横突间肌和棘间肌）具有许多本体感受器（例如肌梭），使得它们非常适合用于检测特定的椎间关节的旋转动作（Amonoo Kuofi，1983；McGill，2007；Nitz & Peck，1986）。这些起到位置传感器作用的肌肉可以激活更大范围的浅表肌肉，从而满足脊柱稳定的需求。此外，其他的核心肌肉非常适合将力矩和角速度转移到上肢或下肢。因此，核心肌肉可分为（1）全身核心稳定肌，（2）局部核心稳定肌，（3）上下肢核心肢体转移肌（见表1.1）三大类。

有几块遵循之前的核心肌肉定义的肌肉未列入表1.1中。本章的目的是概述核心肌肉，这些核心肌肉发挥保持脊柱腰椎段的稳定性（全身和局部核心稳定肌）以及在上、下肢之间转移力矩和角速度的作用。

表1.1　　　　　　　　　　核心肌肉的分类及主要功能

全身核心稳定肌	
肌肉	**主要动态功能**
竖脊肌群	躯干伸展
腰方肌	躯干侧屈
腹直肌	躯干屈曲 骨盆后倾
腹外斜肌	躯干侧屈 躯干旋转
腹内斜肌	躯干侧屈 躯干旋转
腹横肌	向内拉腹壁增加腹内压力
局部核心稳定肌	
肌肉	**主要动态功能**
多裂肌	躯干伸展
回旋肌	躯干旋转
横突间肌	躯干侧屈
棘间肌	躯干伸展
隔膜	向下收缩增加腹内压力
盆底肌群	向上收缩增加腹内压力

续表

上肢核心肢体转移肌肉	
肌肉	**主要动态功能**
胸大肌	肩部屈曲 肩部水平内收 肩部对角内收
背阔肌	肩部肩关节伸展 肩部水平外展 肩部对角外展
胸小肌	肩胛降低
前锯肌	肩胛前伸
菱形肌	肩胛后缩
斜方肌	肩胛抬高（上部纤维） 肩胛后缩（中部纤维） 肩胛降低（下部纤维）
下肢核心肢体转移肌肉	
肌肉	**主要动态功能**
髂腰肌群	髋关节弯曲 前盆腔倾斜
臀大肌	髋关节伸展 骨盆后倾
腘绳肌群	髋关节伸展 骨盆后倾
臀中肌	髋关节外展 骨盆侧倾

从实用的角度看，局部核心稳定肌不可脱离全身核心稳定肌单独训练。曾经有项研究（Cholewicki & Van Vliet, 2002）研究了各个核心肌肉在坐姿（即躯干屈曲、躯干伸展、躯干侧屈和躯干旋转）和站姿（即躯干垂直负荷和躯干在负重时弯曲45度）等长训练任务中对腰椎稳定性的影响。此外，还研究了腹直肌、腹内斜肌、腹外斜肌、背阔肌、竖脊肌、多裂肌、腰大肌和腰方肌的活动。最重要的发现是有几块不同的核心肌肉为腰椎的稳定性提供支持，具体是哪些肌肉，取决于负荷的方向和大小。值得一提的是，没有任何一个肌肉群对维持腰椎稳定性的支持比例超过30%，无论在什么样的训练任务下都是如此。然而，如果消除竖脊肌（全身核心稳定肌）的作用，那么在每项训练任务中腰椎稳定性都会大幅度下降。

另一项研究（Arokoski et al., 2001）对16个以俯卧、仰卧、坐姿和站姿的训练中腹直肌、腹外斜肌、胸最长肌和多裂肌的活动进行了对比。最重要的发现是多裂肌（局部核心稳定肌）和竖脊肌群的最长肌（全身核心稳定肌）表现出类似的活动模式和同步功能；故局部和全身核心肌肉在复杂的运动任务中对形成足够的脊柱稳定性都非常重要。因此，经常提到的局部核心肌肉对脊柱稳定性尤为重要的观点是不正确的。

在各种不同的脊柱稳定技术中，腹部凹陷练习通常运用在康复计划中（Richardson & Jull, 1995）。腹部凹陷练习强调激活腹横肌，将腹壁向脊柱方向拉（即向后或向内拉）。该动作通常在相对非功能性的姿势上下进行（例如以手和膝盖俯卧支撑）。

第二种稳定技术（腹部绷紧）优于腹部凹陷练习，因为前者腹部肌肉共同收缩。腹部绷紧需要有意识地着重保持腹部肌肉的紧张或"硬挺"。之前有项研究（Grenier & McGill, 2007）表明，腹部凹陷练习形成的核心稳定性比腹部绷紧低32%；这由于腹壁后拉时外斜肌和内斜肌的力臂（即从关节到肌肉在骨头上的附着点的距离）缩短。因为肌肉力矩等于肌肉力量和力臂的乘积，所以力臂缩短降低了脊柱稳定性潜能，继而减少了肌肉可能产生的力矩。教练教授运动员正确的举重原理时，应该强调通过收紧腹部肌肉来实现腹部绷紧。

腹部绷紧技术还形成腹内压力，而腹内压力通过增加相邻椎骨之间的压缩力（即在一起推动椎骨的力量）来进一步提升脊柱稳定性（Cholewicki, Juluru & McGill, 1999; Cholewicki et al., 1999; Cresswell & Thorstensson, 1994）。腹腔被核心肌肉所包围；腹环形成墙壁，膈膜形成天花板，盆底肌群形成地板。具体而言，腹环是通过筋膜将前面的腹直肌、侧边的三块腹肌（腹内斜肌、腹外斜肌和腹横肌）与后面的腰背筋膜连接在一起构成的（见图1.6）。

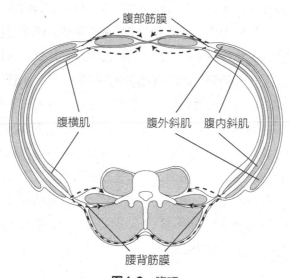

图1.6 腹环

腰背筋膜类似于自然的护腰带，所起的作用类似于外加的举重腰带，在施展运动技能的过程中，不仅提供支撑脊柱稳定性的作用，还起到转移力矩和角速度的作用（McGill, 2007）。例如，背阔肌起于腰椎和骨盆，经过腰背筋膜止于肱骨（上臂骨）。在棒球投球的挥臂动作期间，背阔肌将力矩和角速度从躯干转移到上肢。核心肌肉激活的次序是由中枢神经系统控制的，它让力矩和角速度可以在身体的各部分之间转移（例如从下肢转移到躯干再到上肢）。

核心区的解剖学结构——神经整合

中枢神经系统决定核心肌肉激活的特定组合和强度以保持脊柱稳定，而且支持力矩和角速度在不同的骨骼部分之间动态传递。中枢神经系统通过骨骼链完美地控制肌肉力矩（即运动链），从而实现高效、强大的运动模式。

运动技能的最佳发挥并非完全取决于绝对的肌肉力矩产生（即力量）。因为如果是这样的话，那么世界上最强壮的男子和女子应该成为棒球和篮球等体育运动的理想选秀对象。然而，即使是世界上最强壮的男子和女子，也不一定能完成某个技术动作，例如，能够扔出速度达100英里/时（约161千米/时）的快球。如果没有神经系统协调指导力矩的传递，以最佳方式储备和恢复肌肉弹性的话，绝对肌肉力矩的产生是无法发挥效果的。肌肉具有弹性属性，这种属性可以让肌肉储备和恢复能量；在施展运动技能的过程中，肌肉的弹性回缩（想象一根橡皮筋）增加了肌肉的收缩力。然而，利用这种弹性回缩的能力依赖于运动效率。换句话说，对成功的体育运动表现而言，技术比绝对力量更重要。

这就是为什么孤立的训练方法不一定能很好地转换成优秀的运动表现。动态体育运动的阻力训练必须用到基于地面的动作，锻炼多个部位的肌肉的协调稳定性和动态功能。通过这种方法，成功地将举重训练房的苦练转换成体育运动技能表现的可能性更大。中枢神经系统（即大脑和脊髓）通过本体感受器（例如肌梭、高尔基腱器官和游离神经末梢）源源不断地接收感觉反馈，收集关于肌肉长度、肌肉张力、关节位置和关节转动程度的信息（Holm, Indahl & Solomonow, 2002）。关键的一点是中枢神经系统必须同时满足脊柱稳定性的要求和呼吸要求。呼吸的节律性动作会瞬间松弛核心肌肉，这可能降低脊柱稳定性；这就是为什么举重运动员在最大重量的举重期间，可能需要通过强力闭呼动作瞬间完全暂停呼吸，借由该动作对封闭的气道呼气。对于没有高血压等心血管问题的健康人群来说，这个动作是有利的，它通过增加腹内压力来增加相邻椎骨之间保持脊柱稳定性的压缩力。

然而，在大多数的训练场合中，反复产生接近最大的力矩需要适当地同时激活呼吸和核心肌肉，以满足脊柱稳定性的需求。传统上，关于呼吸的指导一直是在举重的下降阶段吸气，举起阶段呼气。然而，在用力期间呼吸很少能够做得这么协调统一。因此，教练应该指导运动员自由地呼吸，同时侧重于让核心肌肉保持恒定的张力（腹部绷紧）。随着阻力训练的动作模式从简单到复杂，神经系统会不断适应，从而有效地满足呼吸和脊柱稳定性的需求。

任何练习在执行过程中会激活哪些核心肌肉以及保持什么样的强度，取决于预测和反馈机制（Nouillot, Bouisset & Do, 1992）。预测机制涉及根据之前的肌肉行为记忆预激活核心肌肉（Nouillot, Bouisset & Do, 1992）。反馈机制在反复练习和改善运动技能中发挥作用；中枢神经系统存储适当的核心肌肉激活组合和强度感觉反馈，它们对形成足够的脊柱稳定性和有效的运动强度是必不可少的。

例如，在棒球游击手做出截住地面球反应之前，核心肌肉已经快速预激活（即预测机制），从而增强脊柱稳定性，同时帮助髋关节周围肌群准确、有力地将身体侧向移动，开始拦截地面球。为比赛做准备的拦截地面球训练提升了反馈机制，在随后的比赛中让核心肌肉预激活能够有效地提升拦截能力。

和游离神经末梢一样，椎间盘、脊柱韧带和椎间关节囊也有丰富的本体感受器，它们将关于脊柱的位置和移动作为感觉反馈传递到中枢神经系统。这种感觉反馈可以刺激核心肌肉的特定神经活动模式，这对于满足任务需求至关重要。在执行任何特定任务的过程中，核心肌肉必须得到充分激活以保持脊柱稳定性，但又不会因过度激活而限制运动能力。因此，脊柱稳定性和灵活性之间存在一个平衡点；中枢神经系统调节核心肌肉的激活，在满足稳定性要求的情况下不降低运动能力（McGill, 2006）。通过适当的运动训练（将在后面的章节中讨论），运动员可以加强核心肌肉激活的控制，从而提升运动表现。

核心区的解剖学结构对运动表现的影响

从机械力学的角度看，核心区可看作是上肢和下肢之间的动力链环。骨骼系统可以看作是动力链，而通过关节将各个部分或链环连接起来。身体的肌肉通过肌腱附着在骨骼上；肌肉产生的力量转移到骨骼形成力矩（即导致关节活动的肌肉力量）。

因此，肌肉骨骼系统就像一系列杠杆在产生作用，即产生必要的力矩来引发、控制或阻止动作。产生的肌肉力矩的大小取决于所产生的肌肉力量和相对于关节轴的力臂长度。因此，通过肌肉力矩形成足够的脊柱稳定性不仅依赖于肌肉的潜在力量，还依赖于训练腹部稳定能力，比如腹部绷紧就利用了力臂所提供的杠杆效应。

对于基于地面的体育运动，力矩的生产从下肢肌肉组织开始，并随着核心区和上肢肌肉组织的激活而不断积累。肌肉激活的时间对于保持脊柱稳定性非常关键，同时能够最大限度地放大所涉及的骨骼的角速度。对需要通过投掷动作让上臂产生最大角速度（即关节的运动速度）的体育运动而言，力矩从下半身发起，经过核心区之后再到达主导手臂，在该过程中逐渐增大至峰值，使得球在释放（例如棒球或垒球的投掷）或被击打（排球的扣球）时达到很快的速度（McGill, 2006）。

该原理同样适用于网球或棒球等需要使用球拍或球棍击球的专项运动技能。如果没有下肢和核心肌肉产生的力矩，这些技能就得不到高效发挥。鉴于高效的运动技能是在神经系统的精确控制下协调有序地激活或放松多个肌群而实现的，所以，选择恰当的训练对力量发展计划至关重要。

最关键的一点是，核心区的一个骨骼部分的动作可以将力矩和角速度转移到其上部或下部的骨骼部分。例如，骨盆带在骶髂关节与脊柱相连。当脚站在地上时，向前或向后倾斜骨盆可能导致腰椎过度伸展或弯曲（Floyd, 2009）。这是动力链概念的一个例子，展示了作用于某个骨骼部分的肌肉无力可能导致作用于相邻骨骼部分的肌肉过度受力。虚弱或不平衡的核心肌肉可能导致运动代偿，从而可能最终导致损伤。

核心解剖学结构的位置正确和稳定是上肢和下肢做高效、有力的运动的前提。训练动作应该设计成通过上肢和下肢关节的协调动作训练核心肌肉。例如，教练不要单独使用杠铃仰卧推举，而应考虑偶尔变换为弓步单臂绳索胸推。当使用右臂（左腿向前）来完成这项训练时，左腹内斜肌和左背阔肌（对侧）和右腹外斜肌（同侧）会等长收缩让肩部保持稳定，同时胸大肌动态地将重物前推（Santana, Vera-Garcia & McGill, 2007）。

发生在冲刺阶段的脚短暂、相继接触地面的过程中，核心肌肉组织致力于保持骨盆水平（Kibler, Press & Sciascia, 2006；Willson et al., 2005）。例如，当以右腿支撑身体时，右髋外展肌（例如右臀中肌）和左躯干的侧屈肌（例如左腹外斜肌）通过等长动作保持骨盆水平，这让屈髋肌（例如股直肌）和伸髋肌（例如臀大肌）能够有力地、动态地发挥作用。因此，教练员应该考虑偶尔加入单腿支撑体重的训练，挑战运动员保持整个身体平衡和骨盆水平的能力。

对于经常需要做投掷动作的体育运动，比如棒球、垒球、板球和排球，核心肌肉组织能够适当地调节肩带的位置。在棒球投球的顺势动作阶段，肩胛缩肌发起离心制动动作，停止投掷手臂的向前动能，并避免肩袖肌腱对肩胛骨肩峰底面的撞击。教练在教授上肢训练时，应该在上肢的关节运动之前强调肩胛定位。

这里将提及阻力训练中肩胛正确定位的几个例子。在引体向上训练中，教练应该指导运动员在内收肩关节和弯曲肘关节提升身体之前，先降低肩胛。指导单侧哑铃划船训练时，先完全缩回肩胛（举重侧），然后再伸展肩关节和弯曲肘关节将重物提起。指导俯卧撑训练时，肘关节处于运动的最高点完全伸展时前伸肩胛。指导奥林匹克举重和这类举重的各种变化形式（比如悬提高翻、高拉和推举）时，在外展肩关节和弯曲肘关节将重物向上拉之前，先提升肩带。在所有这些例子中，锻炼者需要正确地放置肩胛的位置，形成一个坚实的支撑平台，让上肢肌组织通过它来产生更大的力矩。

采用力矩（即导致关节活动的肌肉力量）和角速度（即关节活动的速度）这两个概念有助于理解高效的体育技能表现。身体的可活动关节通过转动让各个骨骼部分产生角运动。运动员在展现运动技能时，是将多个关节产生的角速度转移到运动员所投掷、踢或击打的物体上（McGill, 2006）。

例如，要以最大的速度投掷棒球，就必须通过多个关节产生高净力矩（即导致关节活动的肌肉力量）。净力矩和角速度（即关节活动的速度）的变化之间存在直接关系；作用特定时间长度的净力矩可以增加或减少围绕关节轴旋转的骨骼部分的角速度（McGill, 2001）。通过肌肉向心收缩动作发展核心肌肉对在施展运动技能的加速阶段（即在一段时间内增加速度）增加角速度非常重要。相反，通过离心或等长肌肉动作发展核心肌肉对在施展运动技能的顺势动作或减速阶段（即在一段时间内降低速度）降低或控制角速度也非常重要（Floyd, 2009）。

总之，核心肌肉的训练计划应该包括上肢和下肢动作，模拟发展体育技能过程中骨骼之间所产生的力矩和角速度转移的能力。根据特异性原则，生理适应性是由训练方法决定的，这些方法具有动力学（例如力量和爆发力）和运动学（例如骨骼的定位）两方面的特点。换句话说，运动员"训练什么就得到什么"。本书的后续章节还将讨论核心肌肉训练的具体计划和方法。

第2章

核心评估

托马斯·W. 纳瑟

核心力量与核心稳定性这两个术语经常互换使用，但它们并不是一回事。核心稳定性被 Panjabi（1992）定义为"在生理极限内保持椎间盘处于中性范围的稳定系统的能力"。在体育运动环境中，Kibler、Press 和 Sciascia（2006）将核心稳定性定义为"在复杂的体育运动中稳定躯干在骨盆上的位置，产生和控制最佳力量并将其转移至四肢末端的能力"。肌肉力量通常被定义为单一肌肉或肌群的最大力量输出；在这种情况下，核心力量被定义为保持功能稳定性的脊柱肌肉控制能力（Akuthota & Nadler, 2004）。

不管关注的是核心力量还是核心稳定性，要面对的问题都是如何进行评估。核心评估的首要问题是给核心区下定义。核心区本身包含多块肌肉和多个功能。核心区的定义中可包括或不包括髋关节、大腿和肩带（请参考第1章的详细讨论）。核心肌肉可以包括但不限于腹直肌、腹横肌、腹外斜肌、腹内斜肌和竖脊肌（Kibler, Press & Sciascia, 2006；Bliss & Teeple, 2005；Willson et al., 2005）。Bergmark（1989）简单地将核心肌肉分为局部和全身核心肌肉。局部核心肌肉是深层肌肉，附着在脊柱上或起于脊柱，其作用是保持脊柱稳定性。全身核心肌肉控制脊柱承受的外力，分担局部核心肌肉的压力。不管用什么定义或什么部位来指称核心区，都无法改变它在四肢运动期间保持脊柱处于稳定的中立位的本质（Willson et al., 2005；Kibler, Press & Sciascia, 2006；Bliss & Teeple, 2005）。就目前关于核心区所有已完成的研究而言，尚未得出一个标准化的定义（Hibbs et al., 2008）或评估方法。

核心评估可能包括躯干柔韧性、功能性平衡以及各种形式的躯干力量，主要目的是确定核心区与受伤风险之间的关系（Claiborne et al., 2006；Ireland et al., 2003；Nadler et al., 2000），尤其是下背部（McGill, Childs & Liebenson, 1999）。因为核心肌肉负责保持脊柱稳定性，所以测试核心肌肉必须小心谨慎，以免造成脊柱损伤。

影响核心稳定性的基本因素有三个：腹内压力、脊柱压力以及髋部和躯干肌肉的强度（Willson et al., 2005）。本章所讨论的核心评估任务仅关注肌肉强度或力量产生。

肌肉核心评估可以是静态的或动态的。静态或等长核心测试要求测试者保持某个姿势一段时间，其间身体不能有任何移动。这种评估操作简单，各个健康级别的人都可以顺利完成，但是它特别适合平常身体活动较少的人群。动态核心评估要求身体在运动中参加测试，它特别适合健康水平更高和参与体育活动的人群。动态测试通常要用到工具或特殊设备。测试可以仅限于某项体育运动或活动使用，但通常有多种使用方法。

等长肌肉力量

核心肌肉的最大等长力量测试可以按照Magnusson等人（1995）的描述，使用手持测力计来完成。测试躯干弯曲等长力量时，测试者在诊断床上采取仰卧姿势。用带子将测力计固定在测试者的上半身和诊断床之间。然后，测试者尽力向上弯曲躯体，以测量前部核心肌肉产生的最大力量。躯干伸展力量的测试方法和躯干弯曲的测试方法基本相同，唯一不同的是测试者在诊断床上采取俯卧姿势，然后尽力伸展身体，以测量躯干后部核心肌肉产生的最大力量。核心肌肉的等长力量测试很容易完成，而且手持测力计也相对便宜。等长力量测试的问题在于它一次只能评估一个关节，而且必须反复测量才能得到可靠的结果。

等长肌肉耐力

等长肌肉耐力测试是测试核心肌肉的另一种方法。McGill、Childs和Liebenson（1999）设计了一种被广泛使用的核心评估方法，它要求测试者尽可能长时间地保持以下四种姿势之一。第一种姿势由Biering-Sorensen测试或背部伸展改良而来，在俯卧姿势中，固定测试者的脚，上半身探出桌子或长凳边缘，而且保持躯干平行于地面，坚持尽可能长的时间（见图2.1a），该姿势主要用于测试下背部的肌肉，尤其是竖脊肌。第二种姿势要求测试者身体处于仰卧姿势，双脚平放在地板上，膝盖弯曲，上半身靠在一个楔形物体上，髋部弯曲60度；当测试者准备时，拿开楔形物体，测试者双臂交叉于胸前，以该姿势保持尽可能长的时间，其主要用于测试髋屈肌和腹肌。第三种和第四种测试是侧向平板支撑，一个用于评估身体右侧，另一个评估身体左侧；测试者右侧或左侧身体躺在地面上，并以该侧肘部支撑体重；将臀部抬升到空中；双脚前后放置，前脚跟与后脚尖接触（见图2.1b）；保持该姿势尽可能长的时间。在所有这些测试中，只要身体姿势发生变化，就要马上停止并记录下保持的时间。

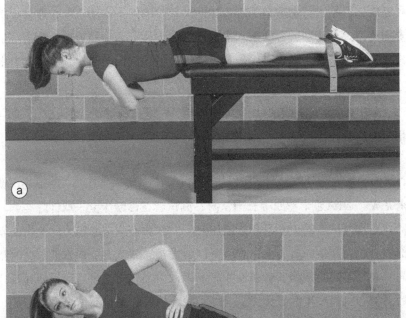

图2.1 McGill、Childs和Liebenson提出的等长核心评估方法，包括背部伸展、两个方向侧桥以及仰卧躯干前屈静力测试（未显示）

第二种肌肉耐力测试是俯卧拱桥，其可以同时测试前部和后部核心肌肉（Bliss & Teeple, 2005）。在俯卧姿势下，以肘部和脚趾支撑身体，测试者保持臂部中立位并保持该姿势（见图2.2）尽可能长的时间。有时在核心肌肉还有支撑力时肘部和肩部就出现疲劳了，这可能导致无法评估核心肌肉的真正能力。类似于等长肌肉力量测试，这些测试只能评估处于某一特定关节姿势下的肌肉能力。因为核心稳定性也可能是动态的，所以针对力量或耐力的等长测试也许不能够真实地评估核心肌肉的功能稳定性。

图2.2 Bliss和Teeple等人提出的俯卧拱桥测试

等速肌肉力量

人们一直通过等速测试来测量以恒速执行整个动作范围时的力量输出（Willson et al.，2005）。等速测力计，通常在实验室或临床环境中才能看到，是这类测试的必要工具。这种测试非常可靠，然而成本也非常高。这类测试的环境设置与阻力训练机很类似。测试者坐在座位上，然后固定不需要评估的身体部位，防止其发生移动。将一根杠杆臂固定在需要评估的身体部分，然后通过程序让其以特定的角速度移动，而且不受所施加的力的影响。典型角速度包括60度/秒、120度/秒和180度/秒。

Abt等人（2007）在120度/秒的角速度下使用Biodex System 3多关节测试和康复系统测试核心肌肉的旋转力量，以确定肌肉疲劳是否影响受过训练的自行车运动员的踏板效率。这项研究未发现核心肌肉疲劳对踏板力量的产生有任何影响，但是其确实发现骑自行车的力学变化，而且可能产生长期影响。Cosio-Lima等人（2003）完成了前部和后部核心肌肉的等速肌肉力量测试，以评估为期五周的、由自重卷腹和瑞士球背部伸展组成的训练计划的效果。那些完成了训练计划的运动员的单腿平衡能力得到了提升，但是等速躯干弯曲或伸展力量并没有得到改善。由于训练和测试标准不匹配，因而在这种情况下，测试者的最大等速力量输出似乎并没有得到改善。此外，瑞士球上完成了自重训练的测试者也进行了最大等速力量输出测试。训练和测试的特异性非常重要，只有这样才能提供有意义的结果。

等动肌肉力量

等动力量测试用于测试在恒定阻力下肌肉的力量输出。自由重量训练被认为是等动的，因为所使用的重量在整个活动范围都不改变。但是在两个常见的等阻测试中不使用自由重量。第一个是仰卧起坐测试。测试者需要以每分钟45个的恒定速度完成最大数量的仰卧起坐（Willson et al.，2005）。伸肌动态耐力测试（Moreland et al.，1997）要求测试者俯卧在斜角大小为30度的楔形泡沫上，以恒定的速度完成最大数量的背部伸展动作。这两项测试的操作都非常简单，而且都是用来评估核心肌肉耐力而不是核心肌肉力量的。

Andre等人（2012）开发了一种类似于Abt等人（2007）所进行训练的旋转核心等动测试。该测试使用滑轮系统和配重片而不是等速测力计。测试者在进行该测试时，坐在滑轮训练机前方50厘米高的箱子上。首先，测试者向训练机方向伸直双臂，然后用力旋转180度，直到双臂指向远离训练机的方向（见图2.3）。阻力分别设置为体重的9%、12%和15%。每种阻力重复三次，即一组。使用连接到滑轮训练机的测力计测量做功的瓦特数。

图2.3 Andre等人开发的等动旋转测试

功能性核心评估

有几种功能性核心评估测试可用于评估核心肌肉。记住，并没有通过测试直接进行评估，但可以基于测试者的任务完成情况推测出核心肌肉的能力强弱。

第一个测试是星形偏移平衡测试（SEBT），它需要在地面上画两对线条（Bliss & Teeple, 2005）。第一对线条相互垂直。第二对线条以45度的夹角经过第一对线条。测试者以惯用腿站在两对线条的交叉点上，非惯用腿向每个方向伸出尽可能远，同时又不接触地板（Gribble & Hertel, 2003）。记录脚趾在每个方向伸出的最远距离（见图2.4）。这类评估通常是为了确定训练方式、康复或设备（例如踝关节护具）的效果。此外，Plisky等人（2006）使用SEBT来预测高中篮球运动员在赛季中的损伤风险。如果运动员在左前和右前方向的差距到达4厘米，其下肢就更容易受伤。根据该数据，他们认为SEBT过于繁冗，只使用后外侧、前方和后内侧三个方向就可以了。

图2.4　功能性星形偏移平衡测试

第二个核心功能性测试是单腿下蹲（Kibler, Press & Sciascia, 2006；Willson, Ireland & Davis, 2006）。在该测试中，要求测试者重复进行膝关节弯曲45度或60度的半下蹲，然后对测试者的运动进行分析，尤其是膝关节的姿势（外翻还是内翻）。膝关节应该沿着脚的方向运动，如果偏离该方向则表明在肌肉激活和力量从核心肌肉通过的过程中出现问题，可能导致未来受伤。如果没有运动分析设备，可进行主观分析。

其他核心评估

Sahrmann核心稳定测试（Stanton, Reaburn & Humphries, 2004）要求测试者以仰卧姿势躺下，双膝弯曲，双脚平放在地面上。测试者的下背部放一个压力反馈设备（PBU），且PBU的气压相当于40毫米汞柱。然后要求测试者完成一系列抬腿训练（见

表2.1），同时保持压力变化不要超过10毫米汞柱。读数大于或小于 10 毫米汞柱表明脊柱骨盆失去稳定性。

另一种核心评估方法由Liemohn和他的同事创立。类似于Sahrmann的测试方法，Liemohn和他的同事（Liemohn et al.，2010；Liemohn, Baumgartner & Gagnon, 2005）通过让测试者将一个或多个肢体抬高在空中来测量核心稳定性。它要求测试者采用跪姿、四点支撑或在特定类型平衡板上做拱桥支撑。在30秒内，测试者必须在保持平衡的同时，跟着设置为每分钟40下或60下的节拍器交替举起手臂。以秒为单位记录测试者在平衡过程中偏离10度（偏离中心±5度）以上的时间，最终计算出失去平衡的总时间。

表2.1　　　　　　　　　　　Sahrmann核心稳定性测试

级别	描述
1	慢慢抬起一条腿至髋关节弯曲100度，舒适地弯曲膝关节，然后将腿降低至初始位置。另一条腿重复该流程。
2	慢慢抬起一条腿至髋关节弯曲100度的开始位置，舒适地弯曲膝关节。慢慢地降低腿让脚跟接触地面。然后将腿伸直，并返回到开始位置。另一条腿重复该流程。
3	慢慢抬起一条腿至髋关节弯曲100度的开始位置，舒适地弯曲膝关节。慢慢地降低腿让脚跟到达距离地面12厘米处。然后将腿伸直，并返回到开始位置。另一条腿重复该流程。
4	慢慢抬起双腿至髋关节弯曲100度，舒适地弯曲膝关节。慢慢地降低双腿，脚跟接触地面。然后将双腿伸直，并返回到开始位置。
5	慢慢抬起双腿至髋关节弯曲100度，舒适地弯曲膝关节。慢慢地降低双腿，脚跟到达距离地面12厘米处。然后将双腿伸直，并返回到开始位置。

［改编自R. Stanton, P.R.Reaburn, and B. Humphries, 2004, "The effect of short-term Swiss ball training on core stability and running economy," *Journal of Strength and Conditioning Research*，18（3）：522-528。］

核心肌肉爆发力

核心爆发力测试要求测试者投掷某种类型的药球（Shinkle et al.，2012；Cowley & Swensen, 2008）。Shinkle等人完成了一系列坐在长凳上进行的静态和动态药球投掷的测试。测试需要进行4次投掷：向前投掷（见图2.5a ~ b）、向后投掷（见图2.5c ~ d）以及向左和向右的侧向投掷（见图2.5e ~ f），使用2.7千克的药球。在静态投掷中，上半身保持静止，防止核心肌肉对投掷动作有所帮助。在动态投掷中，上半身自由移动，允许核心肌肉协助投掷动作。在任何投掷中，脚部都是固定的。记录每次投掷的最大距离。Shinkle等人认为静态和动态投掷之间的差异应该是由核心肌肉的参与程度不同而造成的。

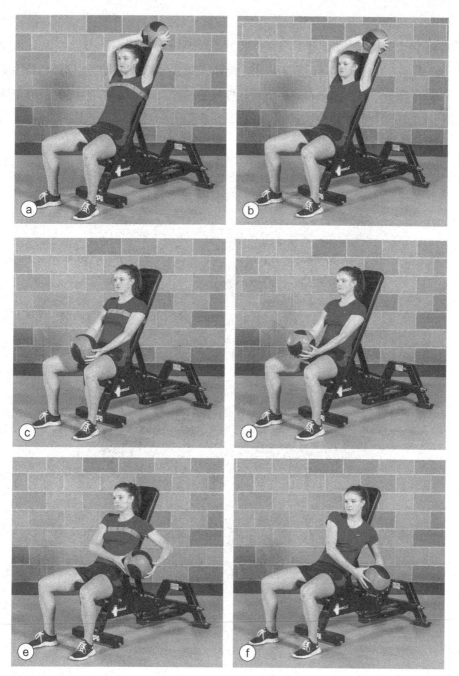

图2.5 Shinkle等人提出的药球核心爆发力测试，包括静态和动态向前投掷
（a～b）、向后投掷（c～d）和侧向投掷（e～f）

Cowley和Swensen（2008年）采用了药球向前投掷这一动作进行测试。该投掷动作是在垫子上进行的，测试者膝盖弯曲90度，双脚分开与肩同宽。为了完成向前投掷的动作，测试者要保持肘部伸直，用手"揽住"球，身体向后靠形成仰卧姿势（见图2.6a）。做好准备之后，测试者收缩腹部和髋关节屈肌，向上移动上半身，双臂举球过头顶（见图2.6b）。不允许伸展肩膀。测量每项研究中所有投掷的最大距离。

图2.6 Cowley和Swensen采用的药球核心爆发力测试要求先向后靠进入仰卧姿势，然后向上移动身体的同时保持双臂举过头顶

专项体育运动核心评估

运用与体育运动相关的技能进行核心评估也是评估方法之一，而且可能是最实用

的方法。例如，Saeterbakken、van den Tillaar和Seiler（2011）测量了女性手球运动员在完成为期六周的核心稳定性训练计划之后的投掷速度；根据测试，完成核心稳定性训练计划的球员的投掷速度增加了4.9%。同样，Thompson、Myers Cobb和Blackwell（2007）评估了一群大龄高尔夫球员（60 ~ 80岁）在参加了为期8周的功能性训练和阻力训练计划之后的效果，其中功能性训练侧重于脊柱稳定性和改善平衡能力；完成训练的球员的杆头速度增加了4.9%。

小结

有若干静态和动态测试可用于核心评估。所选择的评估类型取决于个人的需求和设备的可用性。此外，评估的形式应该尽可能与自己的体育运动或活动相关联。

核心肌肉的等长测试适合所有身体素质水平的个人。这种形式的测试不需要使用特殊设备，而且得到了最广泛的应用。但是，等长测试的结果很难应用到任何基于运动的活动中。

对于身体素质水平较高或参与体育活动的个人，动态评估将是最好的选择。所选择的测试取决于个人的专项活动。例如，如果躯干旋转是个人所参与的专项活动的主要要求，那么选择包括核心旋转的评估将是比较理想的（例如投掷药球）。如果专项主要运动涉及屈曲或伸展，那么在测试过程中必须用适当的方式对这两种活动进行评估。对每个人来说，应该根据个人所从事的活动或者体育技能的要求选择动态评估方式。

3

核心练习期间的肌肉活动

大卫·贝姆

在举重过程中增加不稳定程度会导致核心（躯干）肌肉活动的增加，这样才能保持技术的正确执行（Grenier et al.，2000）。通过各种不同的方法增加不稳定性，例如使用自由重量而不是器械来完成训练，以单脚而不是双脚支撑体重（或者分别用单侧上肢来举重），以及加入各种不稳定的设备（例如瑞士球和充气盘）。要通过不断变化来循序渐进地挑战运动员，发展核心肌肉的力量、爆发力或耐力。

大多数体育技能都涉及一种从肢体产生的、可以破坏身体平衡的力量。在击打网球、挥动棒球棒或踢足球时，肢体和器材的力矩和角动量会使身体向与肢体动作相反的方向旋转。为了提供坚实的平台以产生强大的肢体力量或扭矩并保持准确性，核心肌肉必须保持脊柱稳定。为了提高训练效果的转换水平，阻力训练的设计应该要求运动员在稳定脊柱的同时，以上肢和下肢进行类似专项要求的动态动作。

大量研究表明，与在稳定表面上做同样的训练相比，在不稳定表面上能够增加核心肌肉的活动（Anderson & Behm, 2004；Arjmand & Shirazi-Adl, 2006；Vera-Garcia, Grenier & McGill, 2002）。不管是站在还是坐在不稳定的表面或平台上，不管不稳定设备是否移动，比如在瑞士球上做自由重量胸推（Gaetz, Norwood & Anderson, 2004）或俯卧撑（Holtzmann, Gaetz & Anderson, 2004），都可以增加核心肌肉的活动。根据研究，测试者分别在瑞士球上做俯卧撑、深蹲（Marshall & Murphy, 2006a）和胸推（Marshall & Murphy, 2006b）时，腹部肌肉的活动会增加。图3.1展示了一种俯卧撑变体，它会逐步增加核心肌肉和四肢肌肉活动。

Anderson 和 Behm（2005）让测试者在史密斯训练架上做深蹲，在稳定的地面上定期做自由重量深蹲以及在充气盘上做深蹲。实际训练中经常采用这种递进，因为随着深蹲越来越不稳定，全身的平衡和稳定性将受到越来越大的挑战。如预期的一样，更高程度的不稳定性（充气盘>自由重量深蹲>史密斯训练架）会导致上、下背部的肌肉活动更多。另一方面，与适度增加脊柱的负荷相比，弹性（高速）动态俯卧撑需要更强的核心肌肉活动，比如在篮球上做俯卧撑（Freeman et al.，2006）。因此，不稳定设备可以提供一个较强的核心肌肉活动的训练环境，而弹震式训练方法也可得到类似的效果。

　　许多体育运动或日常生活中的活动都涉及单肢动作（McCurdy & Conner, 2003）。然而，传统的阻力训练往往是双侧的（双臂或双腿），并且会使用训练机、杠铃或一对哑铃。根据特异性原则，训练应尽可能地模拟体育运动或活动的动作（Sale, 1988）。训练动作和体育运动动作之间的差异越大，那么可预期的效果转换水平就越低（Behm, 1995）。因此，要想遵循特异性原则，单侧或单肢训练应该在个人训练计划中占据重要地位。图3.2展示了一个单侧训练的例子，它在施加大阻力的情况下，给核心肌肉提供额外的挑战。

图3.1　逐渐增加复杂性和不稳定性的俯卧撑

单侧训练的另一个好处是干扰身体的平衡（破坏性力矩），迫使核心肌肉产生较多的活动来对抗失衡。例如，在身体的一侧握住和移动一个哑铃会造成躯干和身体向该侧移动，导致相反侧的肌肉收缩增加，以平衡这种偏移。Behm和Leonard等人（2005）的报告指出，在单侧肩推期间背部肌肉活动增加，在单侧胸推期间下腹部稳定肌的活动增加。与不稳定表面类似，单侧或单肢受阻力的动作能够给身体提供一个破坏性力矩，从而形成另一类不稳定状态。

在以往的研究中，没有将不稳定导致核心肌肉活动增加与基于地面的自由重量训练（例如深蹲和硬拉）可以提起的更大重量进行比较。与不稳定的健美操训练相比，比如侧向拱桥和超人训练，使用一个最大重复值（1RM）的80%的深蹲和硬拉会产生更强的背部肌肉活动（34% ~ 70%）（Hamlyn, Behm & Young, 2007）。一项类似的研究显示，稳定硬拉和深蹲训练对背部肌肉的激活要大于不稳定的健美操训

图3.2 单侧训练，如肩膀飞鸟，可能更接近特定的体育运动或活动的动作

练（Nuzzo et al., 2008）。根据Willardson、Fontana和Bressel（2009）的报告，与在BOSU球上以1RM的50%做过顶推举相比，在稳定的地面以1RM的75%做推举能够显著增强腹部肌肉的活动。相反，在稳定的地面以1RM的75%或者在BOSU球上以1RM的50%做深蹲、硬拉、过顶推举和肱二头肌弯举时，腹外斜肌和背部肌肉的活动并无显著的差异。总体而言，Willardson和他的同事在使用BOSU球训练核心肌肉中并没有获得任何优势。同样的研究小组进行了另一个类似实验，但这次给测试者提供语言指导，让他们在以1RM的50%做自由重量深蹲时有意识地激活躯干肌肉。与不稳定和负荷更重的（1RM的75%）深蹲相比，提供语言指导对激活腹部肌肉最有效（Bressel et al., 2009）。

尽管竞技运动员或许能够通过较重的自由重量训练获得更强的核心肌肉活动，但是更注重健康或康复的人可能会选择在不稳定的表面上使用低负荷或重量来获得更强的核心肌肉活动。尽管如此，对于训练程度较高的运动员，在中度不稳定的设备上训练可能不会达到类似的平衡训练的适应效果。Wahl和Behm（2008）发现，对于受过大量阻力训练的运动员，使用中度不稳定设备（即平衡盘和BOSU球）所提供的稳定性挑战比不上瑞士球或平衡板。因为通过自由重量训练，这些运动员的稳定性已经得到很大提升，因此可能需要更大程度的不稳定或阻力来进一步适应。因此，有经验和没有

经验的人的训练需求和适应性不同，这表明他们的训练计划应该有所不同。

对于久坐的人，增加瑞士球训练可以改善其脊柱稳定性。Carter等人（2006）曾经让久坐的人每周在瑞士球上训练两次，为期10周。在训练结束后，测试者在静态背部耐力和侧向拱桥测试中获得的分数明显提高。然而，该研究所使用的对照组依然保持久坐而不是参与传统的训练。结果发现，与传统的地面训练相比，使用不稳定的瑞士球训练5周之后，锻炼者的躯干平衡性和肌电图活动都有了更大的改善（Cosio-Lima et al.，2003）。另外两项研究表明，对于使用不稳定设备参与娱乐性训练超过7周（Kibele & Behm, 2009）和8周（Sparkes & Behm, 2010）的活跃人群，所获得的力量和能力提升类似于参与传统阻力训练的参照组。然而，尚不知道传统的阻力训练技术在受过良好训练的人群中能否产生相似或更好的结果。

不稳定对四肢肌肉活动的影响

在不稳定表面上进行训练不仅增加了核心肌肉的活动，而且增加了四肢肌肉的活动和共同收缩（主动肌和拮抗肌一起收缩）。与稳定环境相比，在不稳定环境下进行俯卧撑和胸推会增加肱三头肌和三角肌的活动（Marshall & Murphy, 2006a, 2006b），而且在不稳定深蹲中小腿比目鱼肌得到更大程度的激活（Anderson & Behm, 2005）。在由同一个小组进行的另一项研究中，虽然等长胸推力量降低了，但是在稳定和不稳定环境下四肢和胸部肌肉的活动并无显著差异（Anderson & Behm, 2004）。肌肉活动程度相似，但在不稳定环境下力量降低。这一结果表明肌肉运用外力的能力被转换成更强的稳定作用（Anderson & Behm, 2004）。

肱二头肌的长头和短头都可以作为肩关节的稳定肌，而且当关节稳定性下降时它们的稳定作用就增强了（Itoi et al.，1993）。肌肉对不稳定训练做出反应可能有利于康复环境，因为受伤关节受到过大的阻力会增加受伤的概率。通常损伤迫使运动员在训练中使用较低的阻力，从而导致肌肉活动水平较低。不过，对于不稳定阻力训练，即使阻力很低也可能让肌肉高度活动，这样，修复结缔组织的过程就不必对抗高阻力和负荷。

因此，大部分研究发现虽然阻力降低了，但是肢体肌肉的活动增加了。这表明肌肉的工作重点已从移动负荷的能力转移到保护关节上（Anderson & Behm, 2004）。

在不稳定的表面上玩耍、工作和训练时，可能会增加协同收缩活动（主动肌和拮抗肌的活动）。根据研究，当任务中存在不确定性时，拮抗肌的活动会增强，其中拮抗的肌肉抑制将要发生的收缩或动作（例如，在哑铃弯举训练中，相对于作为主动肌的肱二头肌，肱三头肌是相应的拮抗肌）（De Luca & Mambrito, 1987；Marsden, Obeso & Rothwell, 1983）。根据Behm、Anderson和Curnew（2002）的报告，与在稳定环境下相比，在不稳定环境下进行跖屈（提踵练习）和膝关节伸展时拮抗肌活动分别增加30%和40%。拮抗肌的作用可能是在产生力量时一直试图控制和保护肢体。然而，拮抗肌收缩越多（例如在哑铃弯举期间的肱三头肌），主动肌可以举起的阻力就越小（例如在哑铃弯举期间的肱二头肌）。因此，虽然可以通过不稳定环境实现高强度的肌肉活动，但是肌肉在试图应付不稳定产生的不确定性时，可能会影响训练效率。

在举重期间延长训练时间可能会导致拮抗肌活动降低（Carolan & Cafarelli, 1992；Person, 1958）。需要更多研究来确定使用不稳定表面来改善平衡性和稳定性以及减少动作的不确定性是否会降低协同收缩，从而提高运动效率。因为面临着不稳定情形或动作不确定性时人们会用力将身体绷紧（Carpenter et al., 2001；Hogan, 1984；Karst & Hasan, 1987），所以其协调性、爆发力、力量、速度和其他方面可能受到不利影响。不稳定训练计划先从静态平衡活动开始，然后逐渐过渡到动态的平衡活动，这样可能会提高内在平衡能力。平衡能力的改善将增加运动的信心，将肌肉从绷紧状态释放出来，减少运动阻碍，增加力量及爆发力。

不稳定性对力量和速度的影响

在文献中，不稳定训练，比如仰卧起坐或深蹲，对施加力量或产生高速度的能力的影响颇有争议。Siff（1991）观察到使用球的训练能够增大活动范围，而且优于大多数类似的、在体育馆中进行的循环动作，因为它通过更大的活动范围（更好的柔韧性）提供阻力。此外，人们经常提倡使用瑞士球来促进形成正确的姿势，以防止因久坐而导致腰背痛（Norris, 2000）。

然而，也有报告指出不稳定的损害包括抑制力量或爆发力的输出。例如，使用瑞士球导致力量输出下降，其中膝关节伸展力量输出下降70%（Behm, Anderson & Curnew, 2002），跖屈力量输出下降20%（Behm, Anderson & Curnew, 2002），以及等长胸推力量输出下降60%（Anderson & Behm, 2004）。同样，Kornecki和Zschorlich（1994）的研究表明，在推举训练期间使用不稳定的钟摆式设备会让肌肉力量降低20% ~ 40%。在推举训练期间如果将把柄从稳定状态改变为不稳定状态，那么肌肉对稳定性的贡献平均增加40%（Kornecki, Kebel & Siemienski, 2001）。虽然等长力量似乎减少了，但是与在稳定的平凳上进行相比，在瑞士球上进行1RM等速杠铃仰卧推举产生的力量是相似的

（Cowley, Swensen & Sforzo, 2007；Goodman et al., 2008）。这两项研究分别使用未受过训练的女性和业余活动活跃的个人，所以优秀的举重运动员能否在不稳定表面上也可以保持高力量输出的结论还不明确。

Koshida等人（2008）表示在瑞士球上进行动态仰卧推举产生的力量、爆发力和速度略微下降（6%～10%）应该不会削弱训练效果。但是，因为它们执行的是1RM阻力的50%，所以潜在的训练效果的益处可能更适用于局部肌肉耐力训练，而不是最大肌肉增大力量训练。这些研究表明肌肉动作类型能够影响到在不稳定平台上的力量的发挥。

此外，由于不稳定而增加关节的僵硬程度会限制力量、爆发力和表现。当人们受到不稳定的威胁（例如在平衡木上行走、在冰面上行走或者在不稳定的平台上站立）时，身体都会不由自主地绷紧（Carpenter et al., 2001）。身体绷紧可能会对自主动作的速度和数量产生不利影响（Adkin et al., 2002）。新的运动模式，尤其是在不稳定环境下进行的动作，一般都是在低速下学习的。然而，大多数体育运动都是在高速下进行的，这导致与训练的特异性相矛盾（Behm, 1995；Behm & Sale, 1993）。

Drinkwater、Pritchett和Behm（2007）让测试者在地板、泡沫垫或BOSU球上以不同的阻力做杠铃后深蹲，结果发现不稳定导致力量、爆发力、速度和活动范围显著下降。随着阻力的增加，下降的幅度通常更大。同样，根据McBride、Cormie和Deane（2006）的报告，与在稳定的力量平台上相比，在橡胶盘上进行深蹲会导致峰值力量、力量产生的速度和主动肌的活动水平下降。这些结果表明，在不稳定程度加大的环境下做深蹲可能无法为力量和爆发力训练提供最佳的环境。

体育运动专项训练应该足以提升不稳定环境下的平衡能力和运动表现（Willardson, 2004）。例如，根据报告，与未受过训练或受过业余训练的个人相比，铁人三项运动员更稳定，而且在控制姿势时更少依赖于视觉（Nagy et al., 2004）。据称体操运动员对平衡变化的适应和响应能力更强（Vuillerme, Teasdale & Nougier, 2001）。与缺乏经验的个人相比，训练有素的运动员从不稳定训练中获得的益处可能更少。Wahl和Behm（Wahl & Behm, 2008）的试验表明，阻力训练经验丰富的运动员在中度不稳定的设备（例如平衡盘之类的充气盘和BOSU球）上训练，肌肉不会获得明显的更大程度的激活。所以，并不是所有级别的人都能从不稳定训练中获得最大的益处。

同样，在训练中使用增加稳定性的特别运动设备可能会削弱本体感受（位置感）。这种反应在国家级滑雪运动员中非常明显，在没穿滑雪靴的情况下，他们在测力台上的平衡能力测试的表现要差于地区级滑雪运动员。笔者推测国家级滑雪运动员的糟糕表现可能是受到了长期穿滑雪靴的影响，因为滑雪靴限制了活动范围，这种情况为采用特异性训练模式提供了更多的依据。

此外，尽管年轻冰球球员的静态平衡能力与滑冰速度之间存在显著的相关性，但是经验更丰富的冰球球员却没有。静态平衡对冰球的重要性不如动态平衡，这表明体育运动专项训练能够充分刺激动态稳定性和滑冰速度训练的适应性（Behm & Wahl et al.，2005）。不幸的是，训练者并非总能在与体育运动或活动完全相同的环境下进行训练。例如，一些室外体育运动（比如足球和棒球）在北方的冬季就无法在室外场地上进行；同样地，在温暖的季节由于滑雪场关闭，在冰面进行的体育运动也往往无法进行。因此，运动员的平衡能力必然受到其他挑战。这些挑战可能包括静态平衡活动，比如单腿或者闭眼站在平衡板或充气盘上。然而，根据训练特异性原则，在不稳定表面进行的动态平衡活动，比如跳跃、着陆、跑步或者变向，都能将更多特定的平衡和稳定技能转移到实际的体育运动中。

此外，青少年阻力训练计划还应该加入需要平衡的训练（Behm et al.，2008），因为平衡对发挥最佳运动表现和预防运动损伤非常重要（Verhagen et al.，2005）。鉴于儿童的平衡和协调能力尚未充分发育（Payne & Isaacs, 2005），平衡训练可能特别有利于在执行阻力训练时减少受伤的风险，特别是下背部损伤。关于成人的研究已经证明，与在稳定的表面上训练相比，在不稳定表面上训练增加了躯干肌肉的激活程度（Behm et al.，2010a；Behm et al.，2010b）；在不稳定表面上训练的优势是不需要使用很重的训练负荷就可以达到较高的肌肉活动水平（Behm et al.，2010a, 2010b）。在儿童阻力训练计划中加入平衡训练时应循序渐进，从在稳定的表面上做简单的静态平衡活动逐渐过渡到更复杂的静态不稳定训练，例如使用平衡板、BOSU球和瑞士球等不稳定设备（Behm & Anderson, 2006；Behm et al.，2008）。随着时间的推移，可以通过改变支持基础、身体部位的力臂、运动模式或运动速度等方法让训练计划更具挑战性。

多关节训练和单关节训练

自由重量练习相对训练器械练习的优势已经获得大量研究的支持（Garhammer, 1981；McCaw, 1994；Simpson et al.，1997；Stone, 1982）。其主要优势源于自由重量训练的方式的变化性，因此能够很好地满足体育运动和日常活动的需求。就遵循特异性原则而言，使用自由重量非常关键（Behm, 1995；Behm & Sale, 1993）。此外，使用自由重量举重要求举重者在平衡和稳定杠铃或哑铃的同时，让运动发生在特定的平面上。

奥林匹克举重（多关节训练）通常因为强调协调性、运动学习和稳定性而得到推荐。奥林匹克举重及其变体，比如强力推举、投掷药球和壶铃抓举，会给体位调整施加更大的压力，所以对神经肌肉具有更大的益处。因此，为了提升体育运动的表现和核心肌肉的活动，更加有益的做法是在弱化稳定的、使用机器的阻力训练的同时，强化基于地面的自由重量训练（例如深蹲、硬拉和奥林匹克举重）。

常见的肌肉骨骼损伤，比如下背部受伤，与肌肉耐力下降（McGill, 2001）和运动控制或协调能力下降有关（Hodges, 2001；Hodges & Richardson, 1996, 1997, 1999）。根据Abt等人（2007）的报告，核心稳定性和耐力都较好的自行车运动员能够保持很好的下肢力线，从而减少受伤的风险。基于地面的自由重量举重，比如奥林匹克举重、深蹲和其他举重，可以提供相对不稳定的环境，不仅有助于提升肌肉耐力、协调性和运动控制能力，还有助于预防下背部损伤。此外，将不稳定设备（例如瑞士球、平衡板和充气盘）增加不稳定性与自由重量多关节训练相结合，可能会进一步提升协调和平衡能力，而且有助于预防受伤。

总而言之，对于正在训练核心肌肉的运动员，极力推荐基于地面的自由重量举重，尤其是爆发性奥林匹克举重，因为其可以提供适度的不稳定刺激，增加核心肌肉和四肢肌肉的激活程度，同时还提供最大值或接近最大值的力量、速度和爆发力输出。然而，对于为获得健康而训练或没有条件进行接触地面自由重量举重训练或不喜欢举重产生的压力的个人而言，可以通过不稳定设备和训练来获得阻力训练适应性，以及获得功能性健康益处。由于儿童的平衡和协调能力尚未得到充分发育（Payne et al., 1997），不稳定阻力训练可能更适合儿童用于达到健康和提升能力的目的（Behm et al., 2008）。

建议

着重于训练最大力量、增肌、提升爆发力和运动速度的运动员应该强调采用比较重的自由重量。一个有效的训练计划应包括不同程度的不稳定。虽然不稳定可能用到不稳定设备，但是也可以通过自由重量来实现。核心肌肉的专项训练应该采用周期化方式（在数量、强度和计划多样性上随着时间的推移而逐步改变）。继续使用较重的基于地面的自由重量进行训练时，必须加入适度训练量的周期化训练来平衡。在阶段化计划中的适度训练量（总功量少一些的）训练周期中，不稳定阻力训练带来的高肌肉活动水平和低负荷将提供巨大的刺激。

从康复的角度来看，利用不稳定设备能够有效地减少下背部疼痛的发生率，并加强关节的本体感受。这样训练可能促使相关肌肉快速绷紧和保护关节。这些结果可以在一定程度上预防受伤或者加快核心区或其他部位损伤的恢复，因此可以作为预防损伤或康复锻炼计划的一部分（Behm et al.，2010a，2010b）。

对于关注保健和健康的个人，基于地面的自由重量举重应该是核心肌肉训练的基础。这些训练也可以利用不稳定设备和较低负荷的阻力实现。不稳定结合小一些的力量输出仍然能够给身体系统提供足够的刺激，从而促进或保持身体健康；然而最大力量或爆发力的发展可能受到影响。核心肌肉隔离训练，比如背部伸展，可能对发展特定肌肉的耐力或者实现健美目标（例如塑造体形）最为有效。因为慢收缩肌纤维的比例相对较高，核心肌肉可能对高重复次数的训练组合响应尤其出色（例如每组重复次数超过15次）。不过，具体到某项运动，其特点可能要求把重复次数限定在强调力量和爆发力发展的范围内。

核心发展训练和动作练习

布拉德·舍恩菲尔德　杰伊·道斯

这一章介绍各种旨在发展核心肌肉的练习和训练。然而，虽然这些训练特别强调核心肌肉的训练，但研究表明，许多使用杠铃和哑铃的单侧和双侧传统阻力训练都是非常优秀的训练选项，可以发展核心力量和核心稳定性以及将整体力量最大化（Behm et al.，2005；McCurdy et al.，2005；Willardson, 2006）。为此，建议先做传统的阻力训练，比如深蹲、硬拉和奥林匹克举重变体，然后再做针对核心肌肉的训练和练习。这里介绍的许多训练可以通过增加训练负荷，来进一步挑战训练核心肌肉组织。

仰卧对侧肘膝靠拢

仰卧在地板上，膝盖弯曲90度。双手握拳，分别放在耳朵两侧。上背部稍微离开地面，让腹部肌肉保持持续的张力。右膝盖向左肘移动，试图让它们相互接触。然后将右腿和左肘放回起始位置，并以同样的方式靠拢右肘和左膝。继续该动作，左侧和右侧交替进行，像蹬自行车一样，重复若干次。

反向卷腹

　　仰卧在地板上，双腿弯曲。双臂交叉放在胸前。上背部稍微离开地面，让目标肌肉保持持续的张力。膝盖抬向胸部，膝盖弯曲90度。收腹，臀部稍微抬高离开地面，并在该过程中抬腿。身体回到起始位置，然后动作重复若干次。

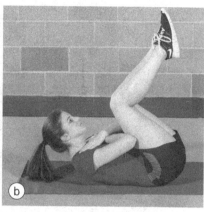

变化动作

为了增加强度，双手放在头后部或头顶上方。

四点支撑－交替对侧举

采取四点支撑姿势，头微抬，脊柱处于中立位。同时伸直右腿和左臂与地面平行。禁止髋关节向外旋转。姿势保持若干秒，然后以对侧的胳膊和腿重复该动作。动作重复若干次，两侧交替进行。

仰卧摆腿

仰卧在地面上，双臂向身体两侧伸直，手掌平放在地面上。保持双腿伸直，双脚并拢，抬高大腿至与地面垂直。保持上背部紧贴地面，慢慢将双腿摆向右侧。接着将双腿竖起回到起始位置，并慢慢将双腿摆向左侧。左右交替摆腿，动作重复若干次。

变化动作

药球仰卧摆腿：弯曲膝盖，如上所述左右摆腿。若该动作很容易实现，则在双膝或大腿之间夹个药球，以增加难度。

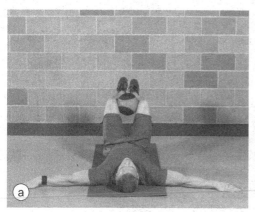

俯卧平板支撑

俯卧，手掌放在地板上，双脚并拢，脊柱处于中立位。用手掌和脚趾将身体支撑起来，保持头部、躯干和腿在一条直线上。姿势维持若干秒，并尝试在平板支撑姿式下保持更长时间。（如果做该训练有困难，请将前臂放在地板上，然后再按照上述说明执行。见下图。）

变化动作

平板支撑交替抬脚：从俯卧平板支撑姿势向天花板方向抬起一只脚的脚跟，通过减少接触点的数量来增加训练强度。以动态的方式交替抬起脚跟，或者交替将每个脚跟抬起并保持一段时间。

瑞士球平板支撑到躯干折叠

采取俯卧撑姿势，手掌分开与肩同宽并放在地板上，小腿靠在瑞士球上，双脚朝下且稍微离开瑞士球的边缘。保持头部、躯干和双腿在一条直线上，并保持脊柱处于中立位。通过屈曲髋关节将双腿向双臂方向拉，让球从小腿滚动到脚趾。在动作完成时，肩膀和背部应尽量垂直于地面。回到起始位置，动作重复若干次。

侧向拱桥

以身体右侧卧在地面上，双腿伸直，右掌放在地板上，双脚并排叠放。伸直右臂，使右手在右肩正下方，并将另一只手放在对侧肩部。姿势维持若干秒，然后以身体的另一侧重复该过程。

变化动作

侧向拱桥变体（前臂拱桥）：将前臂放在地板上，执行上述动作。

伏地挺身

俯卧在地板上，双手置于耳旁地板上。胸腔下部与地板接触，同时慢慢地使用肘部或手将躯干从地面撑起，伸展背部。动作保持两次呼吸的时间长度，然后回到起始位置。动作重复若干次。

臀肌－腘绳肌收缩

以稳定和舒适的姿式，让大腿下部紧贴圆筒，膝盖跪在下面的支撑板上。跪姿，躯干直立；双臂交叉于胸前或将双臂放在头顶上方，具体取决于所需的强度。慢慢地向前倾斜身体，屈曲髋关节，同时保持背部平直，直至躯干与地板平行，然后回到起始位置。动作重复若干次。

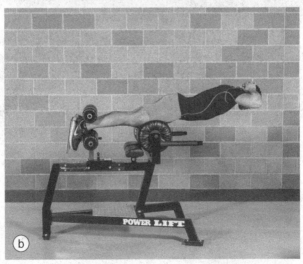

瑞士球背伸练习

　　脸朝下，髋部靠在瑞士球上，双脚分开，略比肩宽，脚趾放在地板上。双手放在大腿两侧，保持头部与躯干在一条直线上。保持下半身稳定，在舒适的情况下，将胸部和肩膀尽可能从球上抬起。收紧臀部，然后沿着相同的路径回到起始位置。动作重复若干次。

变化动作

　　瑞士球旋转背伸练习：在动作幅度达到最高点时，躯干向一侧扭动。动作重复若干次，换另一侧重复该动作。

反向瑞士球背伸练习

趴在瑞士球上，髋关节前部压在球上。手掌放在球前方的地板上。双腿伸直，双脚分开与髋部同宽，双脚抬起至距离地面几厘米高。保持手臂不动，慢慢将双腿抬高，直到脚踝和后脑在同一水平线上。收紧臀部，双脚沿着相同的路径回到起始位置。动作重复若干次。

瑞士球卷腹

　　坐在瑞士球的顶部，双脚分开与肩同宽。双脚向前移动，直到下背部稳定地靠在球上。双手放在胸部，上背部和肩膀向下靠在球上。在舒适的情况下，尽可能将上背部和肩膀从球上抬高。收紧腹部，然后沿着相同的路径回到开始位置。动作重复若干次。

瑞士球侧向卷腹

　　侧卧在瑞士球上，脚紧贴在地板上。指尖放在太阳穴上，双肘远离身体，然后在舒适的情况下尽量将下侧肘部向下靠。保持指尖紧贴太阳穴，抬高上侧肘部，让躯干尽可能侧向弯曲。收紧腹斜肌，然后沿着相同的路径回到开始位置。执行该侧动作若干次，然后换另一侧重复动作。

瑞士球旋转卷腹

坐在瑞士球的顶部，双脚分开与肩同宽。双脚向前挪动，直到下背部稳定地靠在球上。双手放在胸部，上背部和肩膀向下靠在球上。在舒适的情况下，尽可能将上背部和肩膀从球上抬高。在此过程中，躯干转向一侧。身体降低落在球上，收紧腹部，沿着相同路径回到起始位置。继续重复预定的次数，两侧交替进行，动作重复若干次。

瑞士球仰卧拱桥

脸朝上躺在地上，双手手掌向下放在身体两侧，双膝弯曲呈90度，双脚脚跟放在瑞士球上。保持背部挺直，臀部抬起离开地面。在动作的最高点，背部和大腿成一条直线。收紧臀部肌群，然后沿着相同的路径回到起始位置。

变化动作

曲腿瑞士球仰卧拱桥：在处于仰卧拱桥姿势时，弯曲膝盖，将球拉向身体。在整个动作过程中踝关节背屈，以保持脚跟紧贴球的顶部。

俄罗斯转体

坐在地上，身体与地面夹角呈40度，双膝弯曲。保持手臂在身体前方伸直，手掌相对，核心区平行于地面。保持下半身稳定，肩膀转向一侧，而双脚保持在地板上。转动回到中点，换另一侧重复该动作。两侧交替进行，动作重复若干次。

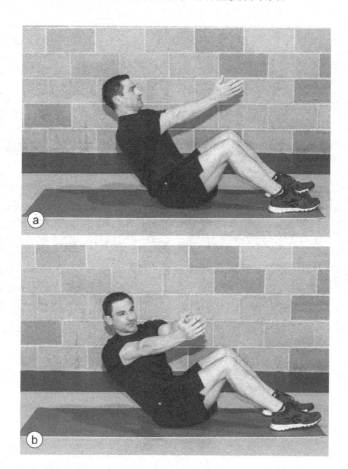

哑铃侧屈

握住两个哑铃，垂于身体两侧，手掌朝向身体。双脚分开与肩同宽，膝盖稍微弯曲。保持核心肌肉绷紧，在舒适的情况下，尽可能向左侧弯曲躯干。收紧腹斜肌，然后沿着相同的路径回到起始位置。向右侧重复该过程，两侧交替进行，动作重复若干次。

杠铃前滚

　　给杠铃两端装一对小配重片（2.5千克即可）。以正握方式握住横杠的中间，双手分开与肩同宽，双膝跪在地上，肩膀位于横杠的正上方。上背部稍微隆起，而臀部尽可能高得抬离地面。保持双膝固定在地板上，双臂绷紧，在舒适的情况下，尽可能向前方滚动杠铃杆，而且不让身体触碰地面。通过有力地收紧腹部让杠铃杆朝反方向滚动，沿着相同的路径回到起始位置。动作重复若干次。

阻力带向前、向后或侧向移动

阻力带的两端固定在结实的立柱上。阻力带的环套套在胸部，或者用两只手在胸前或头顶上拉阻力带，以获得更大的稳定性。保持平衡的姿势，同时朝远离立柱的方向迈出1.5～3米，直到达到所需的拉力。在整个过程中利用腹部肌肉来维护平衡的直立姿势。

变化动作

阻力带暂停移动：在达到预定位置之后，暂停30～90秒。

绳索跪地卷腹

跪在高拉滑轮训练机前面，身体面向机器，向后坐在脚跟上。抓住与滑轮相连接的绳子末端，保持肘部与耳朵方向对齐，躯干挺直。保持下背部不动，肩膀慢慢向下弯曲，将肘部向膝盖方向拉。收紧腹肌，然后慢慢伸展身体，回到开始位置。动作重复若干次。

绳索跪地旋转卷腹

跪在高拉滑轮训练机前面，身体面向机器，身体向后坐在脚跟上。抓住与滑轮相连接的绳子末端，保持肘部与耳朵方向对齐，躯干挺直。保持下背部不动，肩膀慢慢向下弯曲，肘部向膝盖方向靠拢的同时向左侧扭动身体。收紧腹肌，然后慢慢伸展身体，回到开始位置。两侧交替进行，动作重复若干次。

绳索侧屈

用右手握住多功能矮滑轮训练机的环形拉手。身体的右侧朝向机器，向远离机器的方向跨一小步，以便绳索形成张力。双脚分开与肩同宽，躯干挺直，膝盖微微弯曲。保持核心肌肉绷紧，在舒适的情况下，尽可能向左侧弯曲躯干。收紧腹斜肌，然后沿着相同的路径回到起始位置。动作重复若干次后，换另一侧重复该过程。

绳索低/高劈砍练习

抓住与多功能低滑轮训练机相连接的绳子末端。双脚分开与肩同宽，躯干挺直，膝盖微微弯曲。让右侧身体朝向机器，在舒适的情况下，让双臂跨过身体尽可能向右伸。保持下半身稳定，以劈砍动作向上拉绳索使其跨过躯干到达左侧。收紧腹斜肌，然后沿着相同的路径回到起始位置。动作重复若干次后，换另一侧重复该过程。

绳索高/低劈砍练习

抓住与多功能高滑轮训练机相连接的绳子末端。双脚分开与肩同宽，躯干挺直，膝盖微微弯曲。身体右侧朝向机器，在舒适的情况下，让双臂跨过身体尽可能向右伸。保持下半身稳定，以劈砍动作向下拉绳索使其跨过躯干到达左侧。收紧腹斜肌，然后沿着相同的路径回到开始位置。动作重复若干次后，换另一侧重复该过程。

绳索躯干旋转

调整只有一个拉手的绳索，使之刚好低于肩部。站在绳索的一侧，双脚分开略比肩宽，双脚外旋。双手抓住拉手，其中内侧手（最靠近绳索那只手）在下，外侧手在上，外侧手的手指握住内侧手的指关节。保持腹部肌肉绷紧，将绳索从身体正前方拉长（肘部弯曲降低强度，或者伸直增加强度）。躯干向远离绳索立柱方向转动，然后慢慢地回到旋转前的位置。动作重复若干次后，换另一侧重复该过程。

侧抬双腿

身体右侧躺在地面上，双脚并拢。右手臂举过头顶，然后把头垫在右侧手臂上。保持左手放在身体前方的地板上，以保持稳定性。双腿尽可能抬高，同时保持躯干的静态稳定性。收紧腹斜肌，然后沿着相同的路径回到起始位置。动作重复若干次。

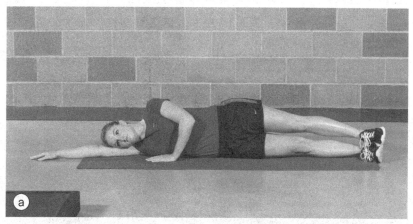

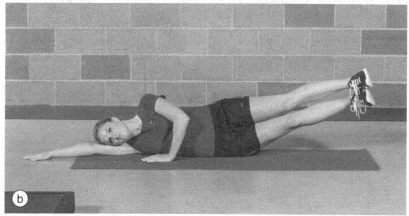

对角线杠铃片劈砍练习

对角线杠铃片劈砍练习在运动姿势下进行，其涉及整个核心肌肉组织，主要包括腹斜肌、股四头肌和腘绳肌。以良好的姿势站立，用双手握住杠铃片，双臂伸直越过右肩膀。在一个连贯的动作中要保持良好的姿势，整个过程背部平坦且双臂伸直，先下蹲并将肩膀和杠铃片旋转至左脚踝外侧，然后经相同的路径回到起始位置。动作重复若干次，或身体每侧各做30秒，而且要以良好的姿势完成尽可能多的次数。换一侧重复动作。

变化动作

对角线药球劈砍练习：使用药球取代杠铃片完成该训练。

复合劈砍练习

　　双脚分开与肩同宽，药球举起在头顶上方。身体向前弯曲，球向下放在双膝之间。球再次举过头顶。身体向一侧弯，头部与身体保持对齐。然后，球向斜下砍，越过身体到达对侧的踝关节。球再次举过头顶。身体弯向另一侧，头部与身体保持对齐。然后，球向下移动，越过身体到达对侧的踝关节。

仰卧交替抬腿

仰卧交替抬腿主要训练腹肌和屈髋肌。背部躺在地面上，收紧腹部让下背部平坦地贴在地面上，肩胛骨向上收拢离开地面。双腿从地面抬起，控制一定的速度交替地上下摆动双腿，注意要从髋关节而不是膝盖开始摆动腿。动作重复若干次，或者以良好的姿势在60 ～ 90秒内完成尽可能多的次数。

动态旋转躯干伸展屈髋肌

采取半跪姿势，右膝跪在地面上，左脚向右膝前方踏出。利用瑞士球提供支撑和平衡，慢慢地向前移动骨盆，背部不要拱起。这个向前移动动作的窍门是感觉到腰带扣向胸肋移动。在伸展的终点，右臂举过顶，然后慢慢地向左侧伸展右臂，并与身体保持对齐，不要向前或向后移动。整个过程保持左手接触瑞士球，以保持平衡和中立位姿势。保持该伸展姿势30 ~ 90秒，换另一侧重复该过程。动作要缓慢且受控，以免出现疼痛或不适的症状。

阻力带海星练习

　　将一根阻力带的两端分别套在两只脚上，用手握住阻力带的中间部分。仰卧在地面上。双臂向外伸出并放在头部两侧，保持较高的双手握距。慢慢地将右膝沿外侧向上抬高，保持腿和脚贴着地面，然后将脚向外旋转，让脚内侧面对天空。接下来伸直和旋转右腿跨越身体，让脚越过中线使脚内侧面向地面。确保左腿保持伸直，脚趾指向天空。回到起始位置，动作重复若干次。换另一侧重复该动作。

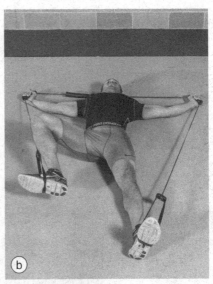

胸腔翻书练习

侧卧在地面上，上侧腿的膝盖弯曲。下侧手放在上侧腿的膝盖上，以免膝盖转动。上侧手伸到胸腔下侧抓住肋骨。躯干慢慢地向天空方向旋转，利用双手防止身体下部转动。动作保持2～3次的呼吸。动作重复若干次，换另一侧重复动作。

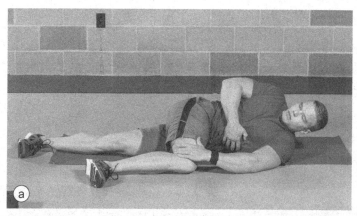

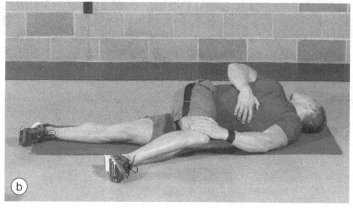

游泳式

游泳式训练重点锻炼腹部（腹横肌和腹直肌）和下背部（竖脊肌）的核心肌肉。腹部趴在地面上，收紧腹部和下背部肌肉，肩膀和腿从地面抬起。保持收紧状态，同时上下摆动胳膊和腿，动作重复若干次或维持一定的时间（30~60秒）。

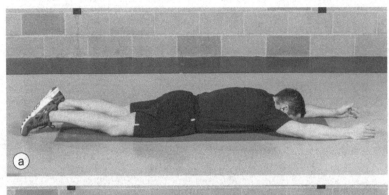

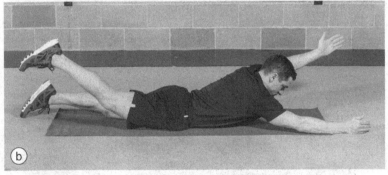

悬挂抬膝

悬挂抬膝重点锻炼腹部（腹横肌和腹直肌）和下背部（竖脊肌），以加强核心肌肉。在足够高的物体上悬吊身体，让身体充分伸展，脚不能接触地面。腹部收紧，慢慢地将膝盖抬高到胸部，暂停片刻，然后慢慢降低至起始位置。然后继续保持腹部收紧并重复动作。训练时应控制身体的稳定性，避免身体摆动。动作重复若干次或维持一定的时间（30～60秒）。

变化动作

悬挂直抬腿：采用同样的方法，但是抬高和降低下肢时保持膝关节伸直。

悬挂三向抬膝

起始动作为身体悬垂在单杠上。屈曲髋关节和膝关节至90度，保持1秒或2秒，然后回到起始位置。重复上述动作，唯一不同的是在屈曲髋关节和膝关节时稍微向右旋转躯干。再次保持1秒或2秒，并回到起始位置。重复屈曲髋关节和膝关节，这次稍微向左旋转躯干。再次保持1秒或2秒，并回到起始位置。整组动作重复若干次。

三点武士式

两条弹力带套在一起，然后固定到力量训练架或其他不可移动的设备上。确保弹力带固定到设备上大约躯干中部的高度。抓住弹力带距离设备最远端的内侧。一只手搭在另一只手的上面，面向特定的方向，让弹力带与躯体形成适当的角度。让弹力带靠近躯干的中线，然后从侧向将弹力带朝远离力量训练架的方向拉，增加弹力带的张力。首先，伸展手臂，让手离开躯干，直到肘部伸展至约45度。保持该姿势3秒，然后继续伸展肘部让手向外移动，直到肘部完全锁定。保持该姿势3秒，然后让肘部回到45度弯曲。保持该姿势3秒，然后回到起始位置。整组动作重复若干次。

剪刀式仰卧交替抬腿

仰卧在地面上；收紧腹部，肩膀和腿从地面抬起。保持双腿伸直，然后从髋部摆动双腿，就像剪刀一样从身体中线交叉双腿。保持良好的姿势，动作重复若干次或保持一定的时间。

杠铃片两头起

杠铃片两头起是用于加强腹部肌肉的屈髋动作。仰卧在地上，双手握住一个低重量杠铃片或药球（2.3～4.5千克）。保持手臂和腿伸直，弯曲髋关节，躯干和双腿从地面抬高，双脚接触杠铃片，通过髋部保持平衡。慢慢降低躯干和双腿，肩胛骨轻轻触碰地面；注意此时双腿不能靠在地面上。以良好的姿势重复动作若干次或者保持一定的时间。

超人式

　　超人训练用于发展下背部肌肉、臀大肌和腘绳肌的力量。俯卧，双臂伸直在身体前方。收紧臀大肌和腘绳肌，在将双腿从地面抬起的同时将肩膀从地面抬起。保持悬空姿势1秒，然后慢慢将胳膊和腿放回到地面。轻轻将脚趾和手臂放在地面上，动作重复若干次或保持一定的时间。

折刀式屈体

　　折刀式屈体是一种类似于杠铃片两头起的核心加强训练，不同之处是，折刀式屈体交替使用对侧胳膊和腿。仰卧在地板上，胳膊和腿伸直。将肩膀和一条腿从地面抬起，稍微转动让伸直的手臂和对侧的脚在上方接触。两侧交替进行，动作重复若干次或保持一定的时间。

腿 下 放

　　腿下放是加强腹部核心肌肉和屈髋肌的有效训练。仰卧在地上，双腿伸直，双臂放在身体两侧的地面上或臀部下方。收紧腹肌，下背部平贴在地上，双腿从地面抬起。将双腿提高到大约与地面呈45度，然后慢慢放回地面。在整个过程中保持下背部紧贴地面。当腿接近地面时，背部开始从地面拱起。当背部快要从地面拱起时停止继续下放双腿。将双腿抬高，动作重复若干次或保持一定的时间。

变化动作

该训练可以一次锻炼一条腿或同时锻炼两条腿。

8字形训练

8字形训练针对的是核心训练，尤其是腹斜肌。仰卧在长凳上，髋关节贴在长凳的边缘上，双腿悬空。收紧腹部，双腿从地面抬起；双腿保持在一定的角度，下背部紧贴在长凳上。同时移动双腿在两个方向上划出8字。动作重复若干次。

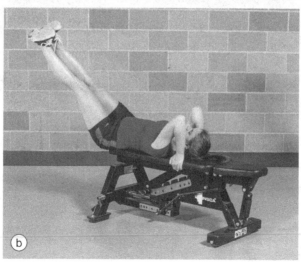

死虫姿势

死虫姿势是加强屈髋动作的腹部训练。仰卧在地板上，下背部紧贴地面。双臂抬起至肩膀前方伸直，双腿抬起离开地面，髋关节和膝盖分别弯曲呈90度。慢慢伸直双腿，同时双臂慢慢从头顶上方放下，保持背部始终紧贴地面。在此情况下，尽可能向两头伸展四肢。慢慢将四肢收回到中间位置，动作重复若干次。

背部伸展/腹背训练

设置背部伸展训练器，大腿靠前垫上，而腰部刚好在垫子的前缘前方。开始时，双腿稍微弯曲，双手在胸前交叉。髋关节伸展，抬高躯干，直到肩膀与臀部一样高。以相同的路径回到起始位置，继续做向上运动。动作重复若干次。

变化动作

静态背部伸展：从伸展姿势开始，肩部与臀部同高；保持该姿势几秒。

仰卧起坐

起始姿势应弯曲膝盖，双脚平放在地板上，且双臂交叉于胸前，双手分别放在对侧肩上。首先将肩部抬离地面，持续抬高肩膀直到进入坐姿。始终保持脚平放在地面上且臀部接触地面。保持对身体的控制，沿着相反方向回到起始位置。动作重复若干次。

过顶深蹲

使用杠铃、哑铃、药球或其他形式的重物，将重物推举过顶，直到手臂伸直且肘部完全伸展。如果使用杠铃作为阻力，双手分开握横杠的距离略比肩宽。双脚分开略比髋部宽。在保持横杠在头顶上方的同时，髋部后推并弯曲膝盖下蹲至所需的深度。在整个动作过程中保持背部挺直而且横杠位于头顶上方。下蹲完成之后，从侧面看时，横杠末端的垂直延长线应该与脚的中间点对齐。

过顶分腿深蹲

　　使用杠铃、哑铃、药球或其他物体作为阻力，一只脚向前踏步形成静态弓步，另一只脚在后方。如果使用杠铃，双手分开握横杠的距离略比肩宽，而且横杠在起始时应放在头后方的斜方肌上部，就像后深蹲的起始姿势一样。进入静态弓步姿势之后，将重物举起在头顶，双臂和肘部完全伸直。当杠铃位于头顶上方时，双脚保持弓步姿势，依次屈曲和伸展主导的髋关节和膝关节，就像做单腿深蹲一样。每次重复身体应垂直下移，同时保持一只脚在前另一只脚在后的弓步姿势。动作重复若干次后，换另一侧重复动作。

下手抛药球

采取下蹲姿势，双手在两腿之间握住一个药球。双腿向上爆发性伸直，在跳起的同时将球向前抛。动作重复若干次。

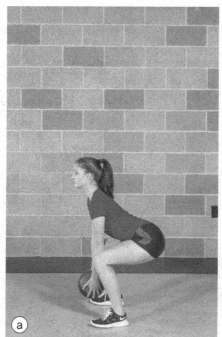

反向下手抛药球

双手将药球在头顶上方举起，双脚分开与肩同宽。向下摆动球至两腿之间，进入下蹲姿势。双腿向上爆发性伸直，在跳起的同时将球向前抛。动作重复若干次。

过顶后抛药球

采用下蹲姿势，双手在两腿之间握住一个药球。双腿向上爆发性伸直，将球向上抛过头顶，在跳起时将球向身后投出。动作重复若干次。

仰卧起坐式过顶投药球

仰卧在地面上，双腿弯曲，双脚平放在地面上。双手握药球，手臂伸直置于头顶上方，做仰卧起坐动作，在到达直立姿势时将球投向墙壁或投给搭档。动作重点应放在躯干上，使用腹部仰卧起坐动作来产生投球的动能。动作重复若干次。

旋转投掷药球

身体侧向面对墙壁或搭档站立。用双手将药球握在身体前方与肚脐等高处，上半身向左侧扭转，将球移动到左侧髋部位置，然后迅速原路线返回，将球投向搭档或墙壁。动作重复若干次，然后换另一侧重复动作。

旋转投掷药球（续）

变化动作

旋转投掷药球——侧向站姿：以侧向站姿站立，身体垂直于作为投掷目标的墙壁或搭档，双手握住球。向左边扭转身体，将球移动到左边髋部，然后迅速改变方向沿原路线返回，将球投向搭档或墙壁。

单臂推药球

以侧向站姿站立，身体垂直于作为投掷目标的墙壁或搭档，一只手在球的后方，另一只手在球的侧面。最大限度地旋转并以爆发性的动作将药球推向墙壁或搭档。换另一侧重复动作。

药球旋转弓步行走

身体站立，双手在躯干前方握住药球，与腹部等高。一只脚前迈呈弓步姿势，然后弯曲髋关节和膝关节，直到大腿上部与地面平行。在身体下降进入弓步姿势之后，向主导的那条腿的一侧扭转躯干（同时拿着球）；例如，以左脚向前迈步时，躯干应该向左旋转。然后后侧腿向主导的那条腿靠拢，伸直髋关节和膝关节，回到站立姿势，躯干朝向前方。换另一只脚向前迈步，重复以上步骤（以右腿迈步，躯干向右旋转）；这项训练应该像走路一样保持连贯性，交替将双腿作为主导腿。建议每组步行9～18米。

过顶投掷药球

　　双脚分开与髋关节同宽，双手在头顶将药球举起，肘部稍微弯曲。向前迈一步，同时朝预定方向投球。动作重复若干次。

交叉步投药球

双手握住药球，快速向大约距离6米远的墙壁或搭档跑去，然后做交叉步（鸦式跳投），以爆发性动作将药球投向墙壁或搭档（搭档可以按照相同的步骤将球投回）。

坐姿胸前推药球

坐在地面上，躯干与地面约45度，膝盖弯曲，双脚平放在地面上，双手在胸前握住球。将药球尽可能远地投到墙上或投给搭档。动作重复若干次。

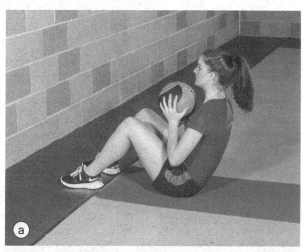

坐姿扭转药球

坐在地面上，双手将药球握在胸前，然后从身体一侧转向另一侧。动作重复若干次。

左右扭转

　　双脚分开与肩同宽，双臂伸直，双手并拢与腹部同高。将身体扭转至一侧，头部与躯干保持对齐。然后将身体扭转至另一侧。动作重复若干次。

变化动作

向每侧转动时，伸直的双手握一个药球，从而增加阻力。

8字形坐姿药球练习

坐在地面上，双臂伸展，双手在身体前方握一个药球。按照大范围8字的路线动态地移动药球。动作重复若干次。

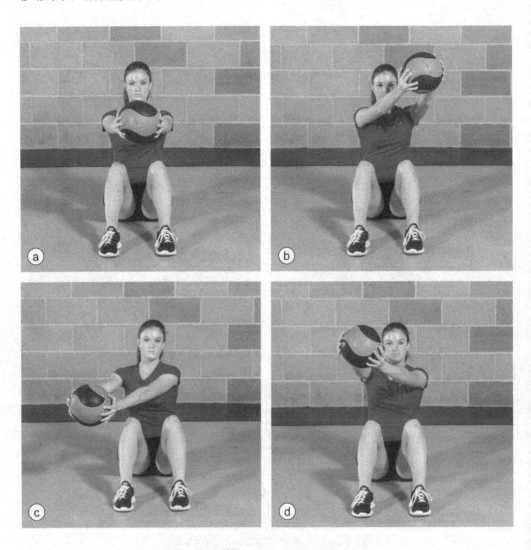

坐姿药球躯干扭转

坐在地面上，身体旋转至一侧，将药球放到背后。旋转到另一侧，把球拿起来。动作重复若干次，然后换另一侧，重复相同次数。

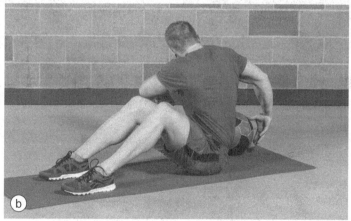

8字形弓步药球练习

以弓步姿势站立，手持药球靠近后肩。双臂完全伸直，按照大8字的路线移动药球。回到起始位置；另一侧重复动作。

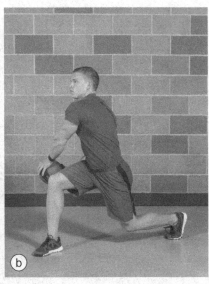

变化动作

弓步药球划8字形后投掷：在8字完成之后，将球下抛。换另一侧重复动作。

8字形站立药球

身体站立，双臂伸直，双手在身体前方握一个药球。按照大范围8字的路线动态地移动药球。

搭档药球快速旋转传递

和搭档背靠背站立，在肩关节高度将球传给背后的搭档。搭档接到药球之后，爆发性地转向另一侧，然后将球抛给你，此时你应该旋转至对侧，双手伸至肩关节高度，准备接球。和搭档继续快速循环抛球和接球。

转身向墙壁投药球

　　双手在躯干前方握住药球，与腹部同高。保持运动准备姿势，背部距离墙壁15～30厘米。髋关节和膝盖应该稍微弯曲，在整个动作过程保持背部笔直和腹部绷紧；双脚分开比髋关节略宽，而且稍微朝向外侧。躯干转向一侧，把球扔在墙壁上弹起并接住，然后利用所产生的动能旋转躯干，将球扔在另一侧墙壁上，使球弹起并接住。在两侧扔球和接球的同时，保持躯干的旋转模式；持续训练10～30秒。

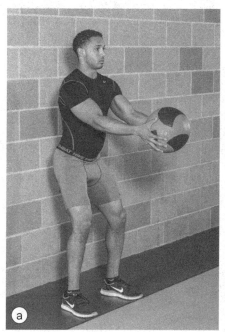

过顶砸药球

过顶砸药球这项训练用于开发腹部的力量和爆发力。双手将药球举过头顶，双臂贴耳。用力地将药球砸在身体前方的地面上（一定要把球扔到前方足够远处，避免球回弹到脸上），在球弹起时将其接住，并回到起始位置。该动作应由躯干发力，而非双臂。动作重复若干次。

旋转砸药球

双手将药球举过头顶，双臂贴耳。在旋转髋关节的同时，用力地将药球摔在身体侧边（一定要把球扔到侧边足够远处，避免球回弹到脸上），在球弹起时将其接住，并回到起始位置。该动作应该由躯干发力，而非双臂。动作重复若干次。

倾斜杠铃旋转

利用恰当的设备将杠铃的一端固定到地面，另一端放在该设备的套筒上。在杠铃的另一端，放一个11～20千克的杠铃片。采取运动姿势。双手抓住杠铃杆一端，将有杠铃片的一端抬高至肩膀高度。伸直双臂和弯曲肩膀，向外推杠铃。以后脚为轴心转动，与此同时将杠铃转动至对侧髋关节口袋位置，然后回到起始位置。采用同样的方式在另一侧重复此操作。

倾斜杠铃硬拉 - 前推

利用恰当的设备将杠铃的一端固定到地面，另一端放在该设备的套筒上。在杠铃的另一端，放一个11 ~ 20千克的杠铃片。以运动姿势站在杠铃一端的侧边，然后蹲下来抓住杠铃杆。保持横杠贴近身体，同时伸直髋关节和膝盖将杠铃提起，以后脚为轴心转动，然后将杠铃向上推。动作重复若干次，换另一侧重复此操作。

悬吊向后划船

这项训练使用固定在上方横杠的悬吊装置来完成。站立姿势下抓住两个位于肩关节正上方的悬吊拉手；膝盖应该弯曲，双脚平放在地上。接下来，脚跟用力顶在地面上，臀部抬高至一定程度，从侧面看膝盖的延长线经过肩膀。身体向上拉，双肘向后缩且向身体外侧移动，同时保持良好的髋关节位置；在最高位置时保持1秒，然后慢慢降低回到起始位置。在整个动作过程中，髋关节应完全伸直。

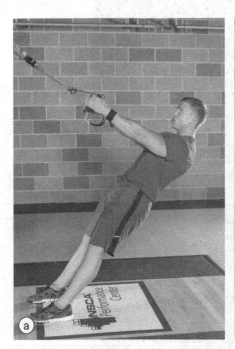 

按压和抵抗

首先进入运动姿势，双臂在身体前方伸直，双手握住2.3～4.5千克的药球或杠铃片。搭档轻轻按压药球或杠铃片，自己试图收缩躯干的肌肉对抗该动作。动作重复若干次或保持一定的时间。

滑板缩腿

首先，双手放在滑板的边缘或者刚好离开滑板，双臂完全伸直，身体处于俯卧撑或正面拱桥姿势，脚踝背屈。收紧腹直肌，双腿缩回，髋关节和膝盖弯曲；保持3秒，然后回到起始位置。这让身体感知姿势并形成肌肉记忆。踝关节应保持向脚背弯曲，脚的移动路径应该是一条直线；不要让脚趾滑出侧面或者脚跟脱离鞋套。从头部到脚踝保持一条直线，保持胸部伸展，背部平直。动作重复若干次。

变化动作

高速滑板缩腿：在掌握该技术之后，保持开始姿势和动作不变，然后加快速度。开始部分是相同的，但是接下来的一整套动作要尽可能快，而且要迅速回到起始位置。

滑板登山

首先，双手放在滑板的边缘或者刚好离开滑板，双臂完全伸直，身体处于俯卧撑或正面拱桥姿势，脚踝背屈。收起一侧腿使该侧膝盖和髋关节屈曲，同时保持另一侧伸直。保持弯曲姿势预定的时间长度（5秒、10秒、15秒或30秒），然后将弯曲的腿滑回到起始位置，并用另一侧腿重复执行动作。在运动期间保持背部平直。保持脚踝向脚背弯曲，双臂伸直，避免含胸。每次切换时，髋关节屈曲应接近全范围活动。左右交替重复摆腿，动作重复若干次。

变化动作

高速滑板登山：将静态保持和缓慢动作变成更快的切换，同时加快同侧回到起始位置。

核心训练计划的制订

詹姆斯·迪纳索

为核心肌肉制订训练计划的第一步是认识到躯干的各种运动功能。参加体能训练的人可能将重点放在个别肌肉和肌肉群上，比如腹部肌肉。然而，制订训练计划的更效方法是以运动的方式思考。躯干的所有功能性动作，包括日常生活或体育中的活动，都由四种基础运动模式组合或变化形成：躯干弯曲、躯干伸展、躯干旋转和躯干侧屈。

针对核心肌肉的训练计划应该包括稳定或进行动作模式的练习。这将确保平衡的力量发展，甚至让新手也能够为自己制订有效的训练计划。

只要遵循一些基本原则，训练计划没必要过于复杂或困难。下面详细讨论保持计划简单、加入静态和动态训练、动作从简单到复杂、包括开链训练和闭链训练、周期化训练量和负荷模式，以及使用各种设备的主题，以帮助体能师或训练人群制订核心肌肉训练计划。

保持计划简单

首先从使用动态或静态练习训练四个基础的躯干运动模式开始。对于初学者，加入训练单平面基础运动模式的练习会让其很好地适应。单平面练习通常容易教授，训练者也容易学习和掌握。例如，卷腹（躯干弯曲）、背部伸展/腹背训练（躯干伸展）、俄罗斯转体（躯干旋转）和侧向弯曲（躯干侧屈）练习都可以充分训练核心肌肉。请参阅表5.1了解其他可加入到训练计划中的单平面练习。

表 5.1 基础练习

基础核心 运动模式	单平面 力量练习	单平面 力量练习	静态/等长 变化动作	多平面 力量练习	多平面 力量练习
躯干弯曲	反向卷腹	折刀式屈体	阻力带向前移动	瑞士球旋转卷腹	悬挂三向抬膝
躯干伸展	背部伸展/腹背训练	四点支撑–交替对侧举	静态背部伸展	复合劈砍练习	从背部伸展/腹背训练到侧向弯曲
躯干旋转	俄罗斯转体	坐姿扭转药球	三点武士式	复合劈砍练习	悬挂三向抬膝
躯干侧屈	哑铃侧屈	药球仰卧摆腿	侧向拱桥	从卷腹到哑铃侧屈	复合劈砍练习

加入动态和静态核心练习

核心肌肉的静态和动态训练对日常生活和体育运动中的活动非常重要。在上肢做推或拉动作时，核心肌肉的静态力量训练对保持和稳定特定的身体姿势起到必要的作用。例如，安全、高效地将沉重的箱子放在空架子上，或者想在篮球场上有良好的防守，保持躯干收紧非常必要。

需要动态训练核心肌肉的活动的例子包括铲雪和投掷棒球。完整核心肌肉训练应该包括多平面等长和动态练习。得到良好训练的核心肌肉能增加下蹲、弓步等多关节活动的熟练程度，而且可以降低受伤概率。

在因疼痛或受伤而禁止动态练习的情况下，可以使用静态核心练习，前提是其不会给训练者带来任何疼痛或不适。例如，对于在动态躯干屈曲训练（如侧向弯曲）期间感觉下背部疼痛的个人，可以采用等长收缩的方式训练相同的肌肉组织。

静态练习，比如侧向拱桥，可以在没有动态运动的情况下训练参与侧屈的肌肉，而且让训练无疼痛地进行。

表 5.2 包括用于加强特定核心肌肉的示例练习，这些肌肉负责在四种基础运动模式起到稳定或完成动作。

表 5.2 静态练习

核心运动模式	示例练习
躯干弯曲	阻力带向前移动
躯干伸展	静态背部伸展
躯干旋转	三点武士式
躯干侧屈	侧向拱桥

动作从简单到复杂

训练应该从简单到复杂，根据身体对训练刺激的适应程度循序渐进。在理论上，应该先熟练掌握基础躯干运动模式且具备健壮的身体后，再开始做更复杂的、需要更多技术的复杂动作。在熟练掌握单平面动作之后，可以在训练计划中加入多平面动作。

通过执行腹背训练和转身向墙壁投药球来单独训练躯干伸展和躯干旋转的基础核心运动模式。先掌握这些单平面动作，然后再进入多平面训练，比如复合劈砍练习，能够同时使得躯干伸展和旋转。

高级的训练计划包括躯干运动模式与其他多关节动作的组合。

包括闭链和开链核心训练

进行闭链训练时肢体末端是固定的，比如俯卧撑、双臂屈伸、深蹲或者硬拉（Floyd, 2009）。到目前为止，文中已经提及多项针对核心肌肉的闭链训练。例如，侧向弯曲、杠铃片对角线下砍和阻力带移动都是非常优秀的闭链动作。

体育运动和日常生活中的动作大部分涉及基于地面的闭链动作，尤其是下肢动作。流行的体育运动，比如美式橄榄球、篮球、足球、棒球、田径、高尔夫球和冰球都是很好的例子。这些体育运动需要身体不断采取各种姿势和体位来调整步法。建议偶尔变换训练姿势，尽可能模拟在日常生活中经常遇到的姿势。对运动员而言，教练可有意让运动员在核心肌肉练习中模拟特定体育运动中实际出现的姿势和步态。

对于基于地面的训练，可以通过各种姿势来增加难度，以及进一步激活核心肌肉。下列三种姿势可以改变成各种不同的难度：下蹲姿势、弓步姿势和单腿姿势。

可以通过缩短两脚之间的宽度来增加每种姿势的难度。例如，下列下蹲姿势难度依次递增：双脚距离比髋关节宽、双脚距离与髋关节同宽、双脚距离窄于髋关节或者双脚并拢。同样的，弓步姿势先从前脚与后脚之间的距离约为一脚掌至两脚掌宽度开始；下一个难度是将前脚放在一条虚构垂线的一侧，而后脚放在这条假想垂线的另一侧；最难的弓步姿势是将前脚和后脚直接放在脚跟对齐脚趾的直线上，就像站在平衡木上。基本单腿站立姿势是全身平衡和稳定的最大挑战；通过让练习者站在不稳定的表面（例如泡沫垫）可增加该姿势的难度（Willardson, 2008）。

在执行开链训练时肢体末端不固定在任何表面上（Floyd, 2009）。开链训练非常有效，在适合情况下都可用于核心肌肉训练计划。例如，悬挂三向抬膝是训练核心肌肉的优秀练习，其涉及侧平面和正平面动作，同时通过抓握力训练肌肉。这对摔跤运动员非常重要，因为抓握力和核心力量对他们非常关键。反向腹背训练机是训练后部核心肌肉（例如竖脊肌和臀肌）的出色工具，而且可以代替躯干伸展训练。反向腹背训练需保持上半身（躯干）处于固定的位置，只允许下肢活动。这项训练所锻炼到的肌肉和躯干伸展训练一样，但却不需要躯干进行任何动作。

周期化训练量和负荷模式

在加入涉及多平面动作的训练之前，在四个基础躯干运动模式中首次增加训练负荷（局部肌肉耐力或者训练量）和绝对力量（强度）时需要特别慎重。发展爆发力的核心肌肉训练也是如此：先是单平面训练，再到多平面训练。

对初学者和训练经验少于三个月的人而言，发展局部肌肉耐力是重中之重。可以通过利用体重完成几组或几次重复训练或在肌肉绷紧的状态下训练一定的时间来实现。3 ~ 5组是衡量是否适合使用外部负荷来增加训练强度的很好标准：对于特定的基础核心肌肉训练，20次为一组。只要能够执行3 ~ 5组，每组之间休息1分钟，就可以增加外部负荷了。选择3 ~ 5组是让训练者和教练能够强调核心肌肉的不同程度的发展，考虑时间限制和解决核心肌肉不平衡等因素。如果使用静态躯干稳定训练，休息和训练时间首先从1 ： 1开始，都是20秒，然后每隔两三次增加10秒的训练时间，最终增加至60秒。

一旦局部肌肉耐力增加了，就可以通过使用哑铃、杠铃片、药球和阻力带加入外部负荷来发展最大力量。增加负荷后的强度最初应该让训练者能够完成特定的躯干动作模式训练至少10次。

随着强度的增加，要等特定负荷的重复次数达到15 ~ 20次之后，再继续增加强度。这对初学者或训练经验少于一年的新手尤为重要。采用类似于之前所述的保守方法增加负荷，让核心肌肉随着时间的推移而适应，这不仅有助于防止损伤，而且可以发展安全进入多平面和力量训练所需的能力。这就是为什么建议新手采用线性周期化训练模型——先是发展局部肌肉耐力，然后发展最大力量，最后才是爆发力。

对于需要爆发性移动的运动员，核心肌肉的爆发力特别重要。例如，挥动球棒、射门、网球发球或冲刺突围都需要用到核心肌肉的爆发力，而且可能会影响到这些体育运动的表现。爆发力训练涉及一个时间系数，其计算方式是：做功乘以距离除以时间。在快速运动速度中发展的肌张力的量是关键因素。因此，应谨慎考虑在核心肌肉训练中加入爆发力训练。核心力量练习应列入培训计划，只有四个基础躯干运动模式的基础打好之后，才可以在训练计划中加入核心爆发力训练。

根据本章作者的意见，核心肌肉的爆发力训练并不适合于每个人。除非存在发展核心肌肉爆发力的职业需求或者需要参加体育比赛，否则对大多数只希望改善日常活动和健康的人而言，继续通过单平面和多平面核心训练来发展局部肌肉耐力和最大力量会获得更好的结果。训练局部肌肉耐力和最大力量对非运动员群体更加安全，特别是中老年参与者，往往更容易出现影响下背部、肩膀和下腹部的骨骼问题。

使用各种训练设备

可以通过给身体增加外部负荷来发展最大核心肌肉力量和爆发力，比如在各个平面的训练中使用哑铃、杠铃片、药球和阻力带。六角哑铃是铸造形成的，很容易通过独特的六角形凸缘认出来；且相对便宜，而较轻的哑铃（14千克）的凸缘更容易抓稳和保持。六角哑铃是增加某些训练的强度的好办法，比如卷腹、左右扭转、侧向弯曲、腹背训练、臀肌-腘绳肌收缩、侧向屈曲和劈砍练习。

杠铃片是另一个不错的选择。一些公司制造的杠铃片两侧都有对称的圆孔，目的是可以当作内置的手柄。这有助于防止掉落，而且让使用较重的杠铃片做核心肌肉训练时更安全。

使用阻力带是其非常独特的选择，因为允许训练者在各种静态姿势和动态运动模式下给核心肌肉增加负荷，而这是哑铃和杠铃片做不到的。阻力带移动就是个很好的例子。阻力带的弹性可以形成可变的阻力，训练者和体能教练在核心肌肉训练计划中可以使用。

弹性和非弹性药球也是非常有效的工具，可以用于开发核心肌肉的爆发力。弹性药球在接触坚硬的表面时会反弹，让训练者可以快速连续地重复训练。例如，使用弹性药球做左右投球训练让训练者可以在松开球之后马上接住球，从而进行下一个重复。如果高速进行连续重复，除了可以发展旋转爆发力之外，还可以提升反应时间和手眼协调能力。这对高尔夫球、网球、垒球或棒球运动员有益，因为其需要旋转爆发力、反应时间和手眼协调能力来提高运动技术。

然而，使用药球来发展爆发力并非总是可取的。例如，使用弹性药球来进行过顶砸药球训练可能会因药球回弹击中训练者而导致严重伤害。无弹性药球吸收能量，在接触硬表面时不会弹起。可以以最大的力气向各个方向投掷无弹性药球而不会出现弹跳风险。鉴于该原因，无弹性药球是在各种平面的训练中发展最大爆发力的有效工具。

表5.3包括四个核心运动模式的爆发力训练例子。

表5.3　　　　　　　　　　　　　　爆发力训练

核心运动模式	示例练习
躯干弯曲	过顶砸药球
躯干伸展	反向下手抛药球
躯干旋转	转身向墙壁投药球
躯干侧屈	旋转砸药球

和其他形式的爆发力训练一样，比如奥林匹克举重，应该使用保守的组数和重复次数，以在每组训练中保持强劲的爆发力输出和技术的一致性，同时尽量降低受伤风险。使用无弹性药球训练核心肌肉的爆发力时，这一点尤其重要。例如，在做过顶砸药球训练时，身体必须产生巨大的力量来迅速加速和投掷药球。在释放球之后，身体必须利用拮抗肌来给手臂和躯干减速，包括后肩的小肌肉。过多次重复导致的疲劳可能造成技术不连贯和受伤。制订训练计划时训练的强度和量应成反比关系，因此在锻炼核心肌肉时要谨慎采用量少力大的组合。对于高强度的爆发力训练，建议采用3 ~ 4组3 ~ 5次的重复，每组之间休息2 ~ 3分钟。

核心肌肉不平衡

核心肌肉训练计划旨在解决任何可能存在的肌肉不平衡。不平衡可能导致动作模式欠佳和运动损伤（Cook & Gray, 2003）。例如，躯干伸肌和屈肌之间的不平衡会导致严重损伤，比如腹壁切口疝或者腰椎间盘滑脱，具体取决于哪些肌肉群占主导地位（Zatsiorsky, 1995）。特定体育运动的动态重复运动模式甚至工作中的静态功能活动都可能导致肌肉不平衡，认识到这点非常重要。例如，坚持练习上手发球能力的网球运动员可能会发展成前部和后部的核心肌肉不平衡。在该动作中更多地使用前部核心肌肉，可能导致其力量增长与后部核心肌肉不成比例。这种不平衡也可能发生在长时间的静态活动中。例如，长时间坐在电脑前的办公室工作人员可能罹患屈髋肌自适应缩短。这可能导致腹壁变弱和后部核心肌肉绷紧，形成下背部脊柱前凸。

体能训练专家能够识别核心肌肉不平衡，并可以通过几种方式制订合适的训练计划，包括：

> ▶ 识别普通个人和运动员经常执行的动态运动模式和静态姿势，以及与这些模式相关的不平衡

> ▶ 观察不正确的姿势和不平衡的结构，比如脊柱前凸和后凸畸形，这能够反映出特定核心肌肉的训练不足

> ▶ 进行肌肉测试，发现核心肌肉群中的薄弱肌肉

> ▶ 注意到与核心肌肉的不平衡有关联的低效率运动模式

不正确的训练计划也可能导致不平衡。忽略训练任何四个基础躯干运动模式或者侧重于任何一个肌群，比如训练前部核心肌肉而忽视后部核心肌肉，都可能导致不平衡。要想防止肌肉不平衡，所有四个基础躯干运动模式之间应该进行最低限度的一比一训练。例如，三组躯干弯曲练习应该使用三组躯干伸展练习来平衡。这一点可以在同一次锻炼中做到，即在锻炼期间做每个动作模式。一个重要的因素是将锻炼量均匀分布在各个躯干运动模式上。其中一个例外是，如果通过测试发现存在明显的弱点或不平衡，不管是哪种情况，都应该当适当增加更多组数或练习来加强较弱的肌肉群，或许可以使用三比一的训练比例，让训练量侧重于较弱的核心肌群。例如，做三组腹背训练之后再做一组卷腹可能是一种既加强薄弱的躯干伸肌又训练到躯干屈肌的方案。

在使用很大负荷的阻力训练中，比如硬拉、后深蹲、负重引体向上、推举、俯身划船和奥林匹克举重（及其变化形式），都会给核心肌肉施加很大的压力。在做这些举重训练期间，可以考虑不做额外的核心肌肉训练。例如，如果以高强度做硬拉，会极大地动用躯干伸肌，那么可能就没有必要做其他躯干伸肌训练（例如腹背训练），否则可能导致过度酸痛和和过度训练。不做硬拉的低强度训练期间可以做躯干伸展训练。任何一块核心肌肉，或者说所有核心肌肉在训练中的练习比重，应由体能训练专家或训练者根据具体情况确定。

对于每周只有很少时间训练运动员的体能教练，权宜之计有时是个问题。教练通常会让运动员花更多时间做多关节举重训练，从而获得激素和能量系统适应，以最少的时间获得最大益处。创新训练计划可以克服时间限制，让运动员可以做更多的核心肌肉锻炼。包括将特定的核心肌肉训练作为动态例行热身的一部分，在多关节训练的休息期间做单平面核心肌肉训练，或者做包括多关节和核心肌肉训练在内的复合训练（例如药球旋转弓步行走）。

到底应该如何确定特定核心肌肉训练的优先级，这在训练者中一直是个有争议的话题。有些人认为训练核心肌肉的最好方法是仅采用高负荷多关节阻力训练（例如，

硬拉、后深蹲、负荷引体向上、推举、弯腰划船和奥林匹克举重），而不需要其他特定的训练。支持该观点的人声称通过频繁使用强力闭呼动作让大量核心肌肉参与到训练中，从而增加腹内压力，并在举重期间创造脊柱稳定性。其他人则认为除了高负荷多关节训练之外，还应该加入补充性核心肌肉训练。当然，上述的举重训练没有横断面上的躯干旋转，可以通过其他训练来确保肌肉的平衡发展。

根据本章作者的经验，非常多的非运动员和运动员都存在核心肌肉力量不足的情况。虽然教练没必要加入超出总体核心肌肉训练计划需求的训练，但是核心力量永远不怕多。在制订训练计划上，教练（私人教练和体能教练）似乎倾向于教条主义，非得与特定的训练理念保持一致。这样的做法可能在设计训练计划时未能纳入某些训练内容。如果适当的话，教练应该根据自己的想法利用各种工具进行训练，包括加入补充性核心肌肉训练。不能总是做高负荷多关节训练，因为它们可能会因为导致酸痛或消耗能量储备而妨碍运动性能（例如，运动员在美国国家橄榄球联盟训练营中做高负荷深蹲和硬拉，或者快递公司的工作人员花了几个小时装载卡车）。为那些有漫长的赛季和每个星期参加多场比赛的运动员制订训练计划时尤其如此。补充性核心肌肉训练对中枢神经系统的要求没那么苛刻，而且通常不妨碍恢复，这点和经常做高负荷多关节训练不同。这就是为什么本章作者认为应该把它们加入全年训练计划中。

对于训练计划中未包含高负荷多关节阻力训练但又想加强核心肌肉的训练者，可以做专项核心肌肉训练。此外，一些存在骨骼问题的人不能做高负荷多关节阻力训练。手术，包括曾打开腹壁的剖腹产、子宫切除和疝修复，会导致核心肌肉的功能障碍。在这些情况下，禁止高负荷多关节训练，但是该群体可以通过专门针对核心肌肉的躯干稳定训练获得益处。要仔细考虑和规划，以确保整个训练周期包含的训练内容，能够帮助健身人群或运动员实现自身目标。

核心肌肉练习

核心肌肉练习应该能够锻炼躯干的四种基础运动模式：躯干弯曲（TF）、躯干伸展（TE）、躯干旋转（TR）、躯干侧屈（TLF）及其变化或组合。可以使用需要躯干稳定性来对抗这些运动模式的静态训练。

注意，在躯干旋转和躯干侧屈运动中所使用肌肉是相似的。如果训练时间或训练量有限，那么教练制订在特定的训练中只包含这些运动模式之一的训练计划。躯干旋转和躯干侧屈可以通过每隔一次训练课交替执行其中之一来得到训练，确保它们在一个训练周期中都得到进行。在第6章到第16章可以找到针对专项体育运动的训练。

对初学者和训练经验少于三个月的人，应该做单平面躯干运动。所有训练都可以利用自身体重来进行，每组之间休息60秒。对于动态训练，重复次数可增加至20次；对于静态训练，保持时间可延长至60秒。如果每个训练能够执行3～5组20次重复，就可以加入额外负荷。

训练经验超过三个月的人可以开始执行多平面训练。所有训练都可以利用自身体重或者较轻的外部负荷来进行，每组之间休息60～90秒。随着动作越来越熟练和耐力的提高，逐渐将所有训练的每组重复次数增加至20次。如果每个训练每组能够执行20次重复，就可以增加强度了。

可以通过在一个训练中做多平面运动或单平面与多平面结合的运动来训练四种基础运动模式。

核心爆发力练习

训练经验超过四个月的人可以开始进行与爆发力有关的训练。要想发展最大爆发力，无弹性药球的投掷在一次训练中不要超过5组，其中每组重复1～5次。建议在每组最大核心爆发力锻炼运动之间休息2～5分钟。强度稍微低一些的弹性药球训练，比如转身向墙壁投药球的重复次数可相对多些（每组10～20次），每次训练3组，每组之间休息60～90秒。

教练可以这样制订训练计划，在相同的训练中包含最大和次最大爆发力动作，强调特定的运动平面上的爆发力。例如，假如一个网球运动员的上手发球缺乏爆发力，但是在旋转动作中爆发力尚可，比如反手或正手回球。最大爆发力训练，比如过顶砸无弹性药球，可以和低强度核心爆发力训练组合。这有助于弥补模拟上手发球的运动平面的爆发力不足。

复合躯干运动

对于训练经验在8～12个月的训练者，可以开始加入包含躯干运动模式和多关节运动的复合训练。可以使用闭链训练和开链训练来执行单平面和多平面动作。这些复合训练对身体的能量系统要求更高，在一个训练周期中可以给高级训练者带来更多的训练变化形式。在这些训练初期，训练者可能需要更少的重复次数和更多的休息时间来适应该级别的训练强度。对大多数训练者而言，刚开始时每组复合训练之间休息2 ~ 3分钟是不错的选择。根据循序渐进的逻辑，如果训练者的目标是为了增加局部肌肉耐力，那么随着训练者对训练的适应，就可以增加重复次数和减少休息时间。

复合躯干运动应包括人体的基础多关节运动模式，比如下蹲、弓步、拉和推等。只要加以思考和发挥创新精神，教练就可以设计出不仅能够训练整个核心肌肉，还可以训练人体的主要动作模式的训练。这可以使用由三个或四个动作组合而成的复合训练来实现。对于处于赛季运动员，或者时间紧迫只能抽少量时间训练的个人，这样可以节省时间。

受伤群体的训练计划

运动专家也可能需要为因为之前受过伤或目前仍存在伤病问题而受到医学限制的人设计训练计划。在这种情况下，运动专家必须在他们的专业知识范围内工作，而且在为这些群体设计训练计划之前，要咨询相关的卫生保健专业人员。根据本章作者的经验，运动专家最常碰到的损伤是腹壁切口疝、腰椎间盘突出和腰椎滑脱。这些损伤影响到躯干的动态运动。如果存在或者曾经存在这种类型的损伤，原本正常范围的躯干动作都会引起疼痛，因此应该禁止。

在适当的时候，而且要先咨询卫生保健专业人员，运动专家可以设计加强基础躯干运动模式的核心肌肉参与的静态训练。建议每项训练的组数不超过3组，而且这些训练的受力时间从5 ~ 10秒开始。最初应该遵守6 ： 1休息训练比率，直到训练者能够承受这些负荷并在特定的训练中展示出静态躯干稳定性（例如，每组训练受力5秒之后紧接着休息恢复30秒，或者受力10秒后休息恢复60秒）。当训练者能够执行特定训练每组10次一共3组之后，可以降低休息训练比率（见表5.4）。每做两次或三次特定的训练，将该训练的受力时间增加5秒，最终增加至60秒。

随着核心肌肉力量和躯干稳定性的提高，可以考虑加入单平面动态训练，而且应在不引起疼痛的情况下有限度地执行。选择针对躯干运动模式的特定训练，先从至少5次重复开始。每完成2 ~ 4次锻炼要将重复次数增加5次，最终增加至3组每组重复20次。对于受伤的群体可能要禁止使用外部负荷。建议增加训练量而不是训练强度，逐渐将特定躯干运动模式的组数增加至5组。这部分群体要禁止做多平面运动。

表5.4 受伤群体的静态运动建议

恢复时间	受力时间	休息一训练时间比
30秒	5秒	6 : 1
60秒	10秒	6 : 1
60秒	15秒	4 : 1
60秒	20秒	3 : 1
60秒	25秒	2.5 : 1
60秒	30秒	2 : 1
53秒	35秒	1.5 : 1
40秒	40秒	1 : 1
45秒	45秒	1 : 1
50秒	50秒	1 : 1
55秒	55秒	1 : 1
60秒	60秒	1 : 1

本章作者发现开链训练，比如反向腹背训练和对侧手脚上抬，可用来训练背部核心肌肉，不会给背部有损伤的训练者带来任何疼痛。躯干弯曲训练，比如髋关节弯曲90度和抬高双脚的卷腹，可能有助于减轻下背部的压力，进行该训练时大部分训练者不会出现疼痛。

小结

核心肌肉训练计划不一定要复杂或困难。从运动的角度看，训练计划的制订要保持简单，让运动者能够制订出高效和平衡的计划。躯干的功能性运动是四种基础运动模式的组合或变化：躯干弯曲、躯干伸展、躯干旋转和躯干侧屈。训练计划应该包括执行这些动作模式的静态和动态训练。任何身体素质（局部肌肉耐力、力量和爆发力）都可以遵循线性渐进的方法来开发。从简单的单平面运动开始训练，然后过渡到更具挑战性的多平面和复合躯干运动训练。可以将各种开链训练和闭链训练（可使用各种工具来增加强度）加入训练计划，以发展核心肌肉的运动能力。可以调整训练计划和练习，以适应不同人群的需求，包括以前受过伤或现在依然存在伤病的人。

第 2 部分

专项体育运动的核心发展

6

棒球和垒球

大卫·希曼斯基

棒球和垒球的体能训练专家经常讨论通过发展核心肌肉来提升运动表现的重要性。在针对棒球或垒球的核心肌肉制订训练计划时，应该包括在矢状面、冠状面和横断面三个运动平面上的动态动作训练。棒球和垒球运动需要连续地、协调地肌肉收缩，对时间点和平衡都有要求。描述这种现象的发生的概念叫做运动链。如果多平面运动不协调，不能让下半身产生的力量通过躯干传递到手臂，那么击球和投球等技能将得不到最佳发挥。运动链中的薄弱环节通常是核心肌肉，因为它没有得到正确的、充分的或专业的训练。所以，如果核心肌肉的训练没有侧重于发展击球和投球的力量和爆发力，那么球员的表现可能就低于平均水平，而且受伤的潜在可能性也更大。核心肌肉对高速挥臂和投掷动作至关重要。因此，通过力量和爆发力训练适当加强核心肌肉应该能够保持甚至改善挥臂和投掷速度，具体取决于运动员的成熟程度、初始力量、阻力训练经验和棒球或垒球技术。

年度周期化训练计划有四个不同的阶段：非赛季、赛季前、赛季和积极性休息。这里讨论棒球或垒球运动员的非赛季和赛季前的核心肌肉训练。为了改善运动能力，将一般的、特别的和专项的核心肌肉训练都纳入渐进式周期化训练计划中。

一般训练包括传统的腹部、腹斜肌和下背部训练；拱桥训练；平板支撑和一些下肢多关节训练。这些训练适用于非赛季的早期阶段（见表6.1和表6.2）。特别训练包括爆发力持药球旋转和爆发力旋转抛药球训练，这些训练的动作发生在所有三个运动平面上（见表6.3和表6.4）。这些训练在非赛季的中后期引入，一直持续到赛季前。这些训练包括下砍、旋转或者投掷等动作。专项训练应该在赛季前进行，包括双臂投掷药球、单臂投掷标准重量和超重棒球或垒球，以及挥动标准重量和低于标准重量的球拍，模拟投球和击球的动作及加速模式。

表6.1 针对棒球和垒球的一般核心发展训练计划（6周）

这些训练的重点是局部肌肉耐力。各项训练的第一组动作要连续执行完毕，其间没有休息。每组之间休息60秒。

训练日	训练项目	组数 × 重复次数
微周期1，第1～2周		
1	瑞士球侧向卷腹	每侧2×15
	反向卷腹	2×15
	瑞士球卷腹	2×15
	背部伸展/腹背训练	2×15
2	侧向拱桥，右侧	2×30秒
	侧向拱桥，左侧	2×30秒
	俯卧平板支撑	2×30秒
3	四点支撑－交替对侧举	每侧肩膀/髋部2×15
	平板支撑交替抬脚	2×30秒
	折刀式屈体	每条腿2×15
微周期2，第3～4周		
1	瑞士球侧向卷腹	每侧2×20
	反向卷腹	2×20
	瑞士球卷腹	2×20
	背部伸展/腹背训练	2×20
2	侧向拱桥，右侧	2×35秒
	侧向拱桥，左侧	2×35秒
	俯卧平板支撑	2×35秒
3	四点支撑－交替对侧举	每侧肩膀/髋部2×20
	平板支撑交替抬脚	2×35秒
	折刀式屈体	每条腿2×20
微周期3，第5～6周		
1	瑞士球侧向卷腹	每侧2×25
	反向卷腹	2×25
	瑞士球卷腹	2×25
	背部伸展/腹背训练	2×25

续表

	微周期3，第5～6周	
训练日	训练项目	组数 × 重复次数
2	侧向拱桥，右侧	2×40秒
	侧向拱桥，左侧	2×40秒
	俯卧平板支撑	2×40秒
3	四点支撑－交替对侧举	每侧肩膀/髋部2×25
	平板支撑交替抬脚	2×40秒
	折刀式屈体	每条腿2×25

表6.2　　　针对棒球和垒球的有负荷一般核心发展训练计划（6周）

这个小周期的重点是肌肉力量。每项训练都是第4章训练的负重版本。各项训练的第一组要连续执行完毕，其间没有休息。第一组和第二组训练之间休息90秒。

	微周期4，第1～2周	

使用4.5千克的负荷（重物）完成这些训练。建议进行拱桥和平板支撑训练的锻炼者穿上加重的背心。

训练日	训练项目	组数 × 重复次数
1	负重瑞士球侧向卷腹	每侧2×15
	负重悬挂抬膝	2×15
	负重瑞士球卷腹	2×15
	负重背部伸展/腹背训练	2×15
2	负重侧向拱桥，右侧	2×20秒
	负重侧向拱桥，左侧	2×20秒
	负重俯卧平板支撑	2×20秒
3	负重背部伸展	2×15
	负重反向卷腹	2×15
	负重瑞士球旋转卷腹	2×15
	负重仰卧对侧肘膝靠拢	2×15

	微周期5，第3～4周	

随着训练的进展，让4.5千克的重物更加远离旋转轴（核心区）或者使用7千克的重物。建议进行拱桥和平板支撑训练的锻炼者穿上加重的背心。

训练日	训练项目	组数 × 重复次数
1	负重瑞士球侧向卷腹	每侧2×15
	负重悬挂抬膝	2×15
	负重瑞士球卷腹	2×15
	负重背部伸展/腹背训练	2×15

续表

微周期5，第3～4周		
训练日	训练项目	组数 × 重复次数
2	负重侧向拱桥，右侧	2×25秒
	负重侧向拱桥，左侧	2×25秒
	负重俯卧平板支撑	2×25秒
3	负重背部伸展	2×15
	负重反向卷腹	2×15
	负重瑞士球旋转卷腹	2×15
	负重仰卧对侧肘膝靠拢	2×15

微周期6，第5～6周		
随着训练的进展，让7千克的重物更加远离旋转轴（核心区）或者使用9千克的重物。建议进行拱桥和平板支撑训练的锻炼者穿上加重的背心。		
训练日	训练项目	组数 × 重复次数
1	负重瑞士球侧向卷腹	每侧2×15
	负重悬挂抬膝	2×15
	负重瑞士球卷腹	2×15
	负重背部伸展/腹背训练	2×15
2	负重侧向拱桥，右侧	2×30秒
	负重侧向拱桥，左侧	2×30秒
	负重俯卧平板支撑	2×30秒
3	负重背部伸展	2×15
	负重反向卷腹	2×15
	负重瑞士球旋转卷腹	2×15
	负重仰卧对侧肘膝靠拢	2×15

表6.3 针对棒球和垒球的非投掷药球核心发展训练计划（6周）

这个小周期的重点是肌肉力量和爆发力。		
微周期7，第1～2周		
成年人使用3千克的药球，身体尚未发育成熟的高中球员使用2千克的药球，而身体尚未发育成熟的初中球员使用1千克的药球。第一组和第二组训练之间休息90秒。		
训练日	训练项目	组数 × 重复次数
1	药球仰卧摆腿	每侧2×10
	坐姿扭转药球	每侧2×10
	坐姿药球躯干旋转	每侧2×8
	8字形坐姿药球练习	每侧2×8

续表

微周期7，第1～2周		
训练日	训练项目	组数 × 重复次数
2	复合劈砍练习	2×10
	8字形站立药球练习	每侧2×8
	8字形对角线甩动药球	每侧2×8
	8字形弓步药球练习	每侧2×8
3	如有必要，重复第1天的训练	

微周期8，第3～4周		
成年人使用4千克的药球，身体尚未发育成熟的高中球员使用3千克的药球，而身体尚未发育成熟的初中球员使用2千克的药球。		
训练日	训练项目	组数 × 重复次数
1	药球仰卧摆腿	每侧2×10
	坐姿扭转药球	每侧2×10
	坐姿药球躯干旋转	每侧2×8
	8字形坐姿药球练习	每侧2×8
2	复合劈砍练习	2×10
	8字形站立药球练习	每侧2×8
	对角线药球劈砍练习	每侧2×8
	8字形弓步药球练习	每侧2×8
3	如有必要，重复第1天的训练	

微周期9，第5～6周		
成年人使用5千克的药球，身体尚未发育成熟的高中球员使用4千克的药球，而身体尚未发育成熟的初中球员使用3千克的药球。		
训练日	训练项目	组数 × 重复次数
1	药球仰卧摆腿	每侧2×10
	坐姿扭转药球	每侧2×10
	坐姿药球躯干旋转	每侧2×8
	8字形坐姿药球练习	每侧2×8
2	复合劈砍练习	2×10
	8字形站立药球练习	每侧2×8
	对角线药球劈砍练习	每侧2×8
3	8字形弓步药球练习	每侧2×8
	如有必要，重复第1天的训练	

表6.4 针对棒球和垒球的投掷药球核心发展训练计划（6周）

这个小周期的重点是肌肉爆发力。用双手投掷药球。

微周期10，第1～2周

身体发育成熟的高中或大学球员使用5千克的药球，身体尚未发育成熟的高中球员使用4千克的药球，而初中球员使用3千克的药球。

训练日	训练项目	组数 × 重复次数
1	搭档药球快速旋转传递	每侧2×5
	转身向墙壁投药球	每侧2×10
	旋转投掷药球——侧向姿势	每侧2×10
	单臂推药球	每侧2×5
2	过顶投掷药球	2×10
	8字形弓步药球后投掷	每侧2×5
	旋转砸药球	每侧2×5
	交叉步墙壁投药球	2×10
3	如有必要，重复第1天的训练	

微周期11，第3～4周

身体发育成熟的高中或大学球员使用4千克的药球，身体尚未发育成熟的高中球员使用3千克的药球，而初中球员使用2千克的药球。

训练日	训练项目	组数 × 重复次数
1	搭档药球快速旋转传递	每侧2×5
	转身向墙壁投药球	每侧2×10
	旋转投掷药球——侧向姿势	每侧2×10
	单臂推药球	每侧2×5
2	过顶投掷药球	2×10
	8字形弓步药球后投掷	每侧2×5
	旋转砸药球	每侧2×5
	交叉步墙壁投药球	2×10
3	如有必要，重复第1天的训练	

微周期12，第5～6周

身体发育成熟的高中或大学球员使用3千克的药球，身体尚未发育成熟的高中球员使用2千克的药球，而初中球员使用1千克的药球。

训练日	训练项目	组数 × 重复次数
1	搭档药球快速旋转传递	每侧2×5
	转身向墙壁投药球	每侧2×10
	旋转投掷药球——侧向姿势	每侧2×10
	单臂推药球	每侧2×5
2	过顶投掷药球	2×10
	8字形弓步药球后投掷	每侧2×5
	旋转砸药球	每侧2×5
	交叉步墙壁投药球	2×10
3	如有必要，重复第1天的训练	

棒球和垒球专项核心训练

对于投手而言，想要使爆发力最大化，补充性训练包括以2：1的比率进行的交替单臂投掷。棒球投手交替使用7盎司（约0.20千克）和标准的5盎司（约0.14千克）棒球进行投掷；垒球投手也采用相同的方法，所用的球为标准垒球和超重垒球，具体取决于球员的水平和投球的类型。投手可以用最大的力量将超重的球投入球网，重复的组数和次数为3×10，每组之间休息60秒，然后以最大的力量将标准重量的球投入球网或者投给搭档，重复的组数和次数为1×15。击球手可以执行15组每组10次的挥棒训练（使用超重、轻和标准球棒各执行5组），第一组使用超重的球棒，第二组使用轻球棒（轻于标准），最后一组使用标准球棒（正常质量）。例如，正常情况下使用30盎司（约0.85千克）球棒的大学棒球球员将使用31盎司（约0.88千克）的球棒执行动作1×10次，使用29盎司（约0.82千克）的球棒执行动作1×10次，最后使用标准的30盎司（约0.85千克）的球棒执行动作1×10次，每组之间休息90秒。球员按照该顺序再执行4轮，可以像在举重训练房那样空挥球棒（无球），也可以在球场上练习击球。可以在标准棒球或垒球球棒的最佳击球位置加入铅带，使球棒变得更重。棒球击球手可以使用更轻的垒球球棒作为轻球棒。两周后，依然按照上述的顺序进行，但是要增加超重球棒的质量和减轻轻球棒的质量（例子中的大学棒球球员将发展为分别使用32盎司（约0.91千克）、28盎司（约0.79千克）和30盎司（约0.85千克）的球棒练习挥臂）。再过两周后，依然按照上述的顺序执行，但是要继续增加超重球棒的质量和减轻轻球棒的质量（例子中的球员将发展为分别使用33盎司（约0.94千克）、27盎司（约0.77千克）和30盎司（约0.85千克）的球棒练习挥臂）。球员将继续执行一共15组每组10次的挥棒训练，每种质量的球棒各执行5组。球棒的质量偏差永远不要超过他所使用的标准球棒的12%。例如，如果一个球员通常使用30盎司（约0.85千克）的球棒，那么就不应该使用高于34盎司（约0.96千克）或低于26盎司（约0.74千克）的球棒。

篮球

拉斯·马洛伊

篮球运动员在比赛和训练期间涉及几种不同的运动模式。不论是爆发性地改变运球方向或还是艰难地篮下卡位和抢篮板，核心区都代表着四肢和躯干之间的生物力学连接，而且负责在不同平面产生和吸收力量期间形成稳定性和灵活性（McGill, 2009）。篮球特有动作产生的力量，比如跳投和上篮得分，都经过核心区，从而刺激多种肌肉活动来维持姿势稳定和平衡（Gambetta, 2007）。在进行竞争性体育运动能力发展计划时，训练核心肌肉的多平面运动模式对于提升运动性能和预防损伤非常必要。

为适应比赛而进行的身体训练涉及全面理解人体功能性运动的各个协同方面。专项体育运动的运动模式训练和改善方法是，有意识地增强和训练核心肌肉，使其功能得到协调统一（Roetert, 2001）。核心肌肉在运动链中起到将下肢、骨盆、脊柱、肋骨及上肢连接起来的作用（Gambetta, 2007；McGill, 2009）。在核心肌肉通过激活和停止转移动作的过程中，所呈现的运动控制是动态能力的反映。这种动态能力对重力或对手引起的不稳定力矩做出反应或产生应对。核

勒布朗·詹姆斯展示出不可思议的使用核心肌肉来实现高度和姿势的能力，产生强大扣篮力量，在身体运动的各阶段都能保持出色的控制。

© Zuma Press/Icon SMI

心肌肉训练是提高运动效果的必要条件，从青少年体育运动到专业体育运动都是如此。

篮球是一项需要许多身体姿势变化的体育运动。篮球后卫可能会改变姿势，要求在防守的同时激活不同的核心肌肉（例如，切换至向前场篮下冲刺，防守运球的运动姿势，爆发性伸展髋关节拦截投球和以篮下卡位姿势落地）。球员作为持球人带球进攻时会对核心肌肉提出新的要求，因为单方面活动将与双手交替运球动作相结合（McGill, 2009）。改变方向的运动以不同的方式给核心肌肉施加负荷，如果此时进行过人动作或调整身体姿势准备投篮，都将给身体带来更大的考验。

身体接触也是篮球运动的一部分，运动员在对手的行进路线上设置掩护或者在篮筐两侧时，用自己的身体来制造和吸收碰撞力并调整身体姿势，试图借此获得优势。很多姿势产生了额外的负荷，其改变了运动员的重心（Cook, 2003；Gambetta, 2007）。不管是抢篮板、远距离投篮、尝试上篮或者在篮筐两侧移动或扣篮，伸出的双臂都需要与核心肌肉配合，以达到所需的距离及在跳跃和落地期间保持平衡。每次沿着球场跑动时，核心肌肉可能需要稳定、支撑、产生力量和吸收力量，而且在接下来的比赛中核心肌肉又需要再次稳定和支撑身体。恰当的核心肌肉训练方式将促进运动员获得良好的结果。

制订核心发展训练计划

使用精心策划、循序渐进的核心肌肉训练计划能够让各个级别的篮球运动员锻炼出高效的核心肌肉，为他们执行动态运动提供坚实的基础。循序渐进的目的是为球员引入核心肌肉发展技术，以改善运动性能和预防损伤，帮助他们继续保持被动脊柱组织的健康（McGill, 2009；Zatsiorsky & raemer, 2006）。核心肌肉训练计划应该协调在比赛中非常活跃的脊柱、骨盆和髋关节稳定、弯曲、旋转和侧屈的功能（McGill, 2009）。

对于初学者而言（表7.1），目标就是增强躯干稳定性和发展坚实的基础，为参加要求更高的核心肌肉力量训练做准备。对于中级运动员（表7.2），应该随着灵活性训练的加入而继续发展稳定性。中高级核心训练（表7.3）将进行更具挑战性的功能性活动范围，以比赛中用到的专项体育运动模式为基础。高级训练（表7.4）涉及更多专项运动中专业的功能性动作模式，而且给核心肌肉施加越来越大压力（Gambetta, 2007；Zatsiorsky & raemer, 2006）。

在制订核心肌肉训练计划时应额外关照高个子的运动员。198厘米及以上的球员通常安排在靠近篮框的位置，因此其下背部肌肉相比其他球员，需要更强的力量吸收和支撑能力（McGill, 2009）。另外，高个子球员还可能遇到难以保持膝关节弯曲的情况，这是因为脊柱骨盆髋关节复合体导致腿部缺乏力量和柔韧性，进而导致膝关节疼痛。如果高个子球员存在膝关节和柔韧性问题，就需要在核心肌肉训练计划中一并解决。

表7.1   针对篮球的初级核心发展训练计划

训练项目	组数和重复次数
瑞士球卷腹	2×10
屈腿瑞士球仰卧拱桥	2×10
俯卧平板支撑	保持2×20秒
旋转投掷药球	每侧2×10
杠铃片对角线下砍	每侧2×10
下手抛药球	2×10

表7.2   针对篮球的中级核心发展训练计划

训练项目	组数和重复次数
绳索跪地卷腹	2×12
四点支撑－交替对侧举	每侧肩膀/髋部2×12
俯卧平板支撑	保持2×30秒
绳索跪地旋转卷腹	每侧2×12
绳索低/高劈砍练习	每侧2×12
坐姿胸前推药球	2×12
哑铃侧屈	2×12

表7.3   针对篮球的中高级核心发展训练计划

训练项目	组数和重复次数
悬挂抬膝	2×15
背部伸展/腹背训练	2×15
侧向拱桥	保持2×30秒
俄罗斯转体	每侧2×15
旋转投掷药球	2×15
过顶投掷药球	2×15
绳索侧屈	每侧2×15

表7.4 针对篮球的高级核心发展训练计划

训练项目	组数和重复次数
悬挂抬直腿	2×10
静态背部伸展	每侧2×20
瑞士球平板支撑到躯干折叠	2×20
侧抬双腿	每侧2×20
仰卧起坐式过顶投药球	2×20
杠铃片对角线下砍	2×20
过顶砸药球	2×10
过顶后抛药球	2×20

强烈建议运动员在每次训练之前通过动态热身运动准备核心肌肉（Gambetta, 2007）。热身让身体通过模拟体育运动动作来体验该运动的活动范围，同时增加身体的柔韧性。此外，还建议使用自身技术来放松肌筋膜，比如在泡沫轴上滚动，以加强肌肉组织在运动之前的就绪状态，而且在训练或比赛结束之后，也建议做有序的放松运动。

篮球专项核心训练

篮球运动员应该做各种各样的训练，其中一项训练要求其在单腿站立的同时用另一侧手臂举起重物。此外，还可以做有意破坏平衡性的训练，即使用带有软垫的设备给球员施加外力，让球员保持防守姿势和坚挺的躯干。站立姿势的过顶动作训练尤为重要，可以使用药球来模拟某些技术，比如抢篮板或传球。身高超过198厘米的球员在做需要从地面举起重物的训练时要有限度，因为可能造成脊柱过度弯曲。高个子球员更好的训练策略是以站立姿势从膝盖高度举起重物。

美式橄榄球

帕特里克·麦克亨利

美式橄榄球是一项地面运动，要求四肢具有产生高速肌肉动作的能力和爆发力。核心是腿部和髋部之间的关键动力连接，爆发力在这里得到发展，然后转移到手臂和肩膀去进行一些技术，比如阻截对手或伸手接传球。核心肌肉薄弱会妨碍爆发力的转移。因此，核心肌肉的训练至关重要，其有助于球员更好地发挥和降低受伤风险。

发展核心肌肉可以让球员在提升美式橄榄球技能的过程中保持正确的姿势。为美式橄榄球运动准备核心肌肉远不止做卷腹和仰卧起坐，这两者主要训练冠状面的腹直肌，还需要做其他的核心训练，这些锻炼需要将静态美式橄榄球姿式与不同平面的核心动作结合起来。针对美式橄榄球核心训练的目标要求协调上肢和下肢的动作，同时保持躯干坚挺。

教练必须教运动员如何在训练美式橄榄球技术时充分稳定脊柱。这就是为什么在阻力训练期间使用加重腰带可能有害处。美式橄榄球运动员在阻力训练期间使用加重腰带导致运动员无法学会如何在运动过程中稳定脊柱。对于这一章中列出的每项练习，教练都应该提示运动员在运动中要稳定脊柱。

要想发展针对美式橄榄球运动性能的核心肌肉，可以使用各种各样以自由重量、药球和沙袋为负荷的训练。这些训练可以全年使用，而且可以改变组数和重复次数以匹配赛季训练计划的目标。在赛季前和赛季周期可以加入药球和沙袋练习作为场上训练，从而省去训练前或训练后在举重训练房额外花费的时间。在举重训练房时，运动员在做其他负荷更重的基于地面的举重练习之前，可以先做针对核心肌肉的专项训练作为热身运动。

表8.1和表8.2中所列出的训练用于改善核心肌肉的稳定功能。

表8.1 关键举重训练

臀肌-腘绳肌收缩
过顶深蹲
绳索低/高劈砍练习
绳索高/低劈砍练习
倾斜杠铃旋转
倾斜杠铃硬拉-前推

表8.2 关键药球训练项目

转身向墙壁投药球
过顶后抛药球
仰卧起坐式过顶投药球
反向下手抛药球
旋转砸药球
坐姿胸前推药球

制订训练计划

表8.3为制订美式橄榄球核心肌肉训练计划提供了指导原则。非赛季是教新手球员举重和巩固精英球员的技术的最佳时机。因此，在非赛季期间应该使用更轻的举重重量，更多地关注举重技术。在赛季前期间，运动员可以利用更重的重量和更快举重速度，更多地关注获得最大力量和爆发力。在赛季期间，要减少训练量，以保持核心肌肉的健壮。

表8.3 基于赛季的核心发展训练量

	赛季前	赛季	非赛季
每周训练天数	4 ~ 5	2	4 ~ 5
训练项目数量	3 ~ 5	2 ~ 4	3 ~ 5
组数/重复次数	3 ~ 5/10 ~ 15	2 ~ 4/5 ~ 10	3 ~ 5/15 ~ 20

美式橄榄球专项核心训练

其他基础性训练，比如深蹲、硬拉和过顶推举的各种变化形式，都训练到核心肌肉。上表中所列出的训练是进一步强调核心肌肉的额外训练。传统的训练，比如杠铃仰卧推举可以根据美式橄榄球的特点进行修改，通过以站立的姿势做胸推动作，并使用绳索或专用的基于地面的设备，让核心肌肉得到更多的锻炼。最后，使用非传统设备的训练，比如使用充水的重物和轮胎，类似于举重强人训练，也可以用于有效地发展心肌肉，使之成为全身综合运动模式的一部分。

9

高尔夫球

格雷格·罗斯

准确而强有力的高尔夫挥杆动作的秘诀是将良好的挥杆力学与健壮的身体相结合。发展良好的挥杆技术好比一台电脑；只有优秀的软件（即挥杆力学）和硬件（即身体）相结合，才能得到一台性能高效的电脑。不幸的是，很多高尔夫球运动员太过专注于开发完美的软件（即挥杆力学），而忽视了运行软件的硬件（即身体）。长久的、优秀的挥杆力学是需要通过训练身体高效地运动来实现的。

在计算机行业，硬件以中央处理器（CPU）为中心，其包含系统的所有重要组成部分。与其他外围设备相连接，比如光盘驱动器、显示器和鼠标。身体的核心肌肉可以比作CPU。核心肌肉所包括的不仅仅是腹部肌肉，还包括作用于髋部和脊柱的肌肉。核心肌肉随着躯干的旋转存储和释放弹性能量，将速度转移到杆头，形成高效的挥杆动作。

在高尔夫球运动中，耐疲劳的核心肌肉是高效、持续有力地挥杆的关键。高尔夫挥杆动作的正确顺序是：（1）下部核心肌肉发起运动；（2）胸椎肌肉继续运动并提高速度；（3）肩部肌肉继续运动并继续提高速度；（4）杆头以最大速度接触球。杆头是该序列步骤中的最远的运动链环，是其他运动链环高效运动的结果，也是整个序列的关键；通过其他运动链环的高效运动让杆头获得最大速度。

高尔夫球运动要求球员通过连接髋关节、脊柱和肩膀的肌肉高效地存储和释放弹性能量，最后以爆发性的方式释放能量。髋部肌肉（例如臀大肌、臀中肌和内收肌群）是高尔夫挥杆动作的重要力量来源。髋关节的良好灵活性让运动员在向后挥杆的过程中收缩或伸展这些肌肉。一旦这些肌肉收紧，那么从向后挥杆到向下挥杆的过渡过程中就会产生爆发性肌肉收缩。

对强有力的高尔夫挥杆动作而言，侧重于训练髋部肌肉承载、储存和释放弹性能量的能力非常关键。在世界一流的高尔夫球运动员中，一致性的关键因素是抵抗疲劳的能力和下部核心肌肉的爆发力。腹斜肌有助于将弹性能量从下部核心转移到躯干和肩膀。这些部位的任何薄弱都会导致能量转移不充分，最终导致更低的杆头速度。下背部肌肉，主要是竖脊肌和骶棘肌，加上腹横肌、腹斜肌和腹直肌，使得人体在向下挥杆期间和随后的球接触瞬间保持躯干稳定。

因此，要想获得高效的高尔夫挥杆动作，必须既要训练核心肌肉的稳定性，又要训练其动态功能。任何为培养高尔夫球运动员而制订训练计划都必须专注于核心肌肉获得积极、一致的结果。因此，如何将所有要点落实到针对高尔夫球的训练中呢？核心肌肉锻炼分成三个部分：核心灵活性、核心稳定性和核心爆发力。

高尔夫球的核心灵活性

对于核心肌肉的灵活性，重点是让髋关节和脊柱的运动按照高尔夫挥杆动作的方式进行。这些关节必须有适当活动范围来支持高效的高尔夫挥杆动作；髋关节和脊柱关节在旋转和伸展过程中都需要灵活性。表9.1列出一些发展所需的灵活性的训练。

表9.1 核心灵活性训练

每天进行下面的训练。以循环的方式重复所有4种训练，一共完成3组，每组重复10次；每次伸展保持30秒至2分钟。
动态旋转躯干伸展屈肌髋
阻力带海星练习
胸腔翻书练习
伏地挺身

高尔夫球的核心稳定性

对于核心稳定性，重点训练髋部、腹部和背部肌肉的协同工作；然后加入躯干旋转训练，模拟高尔夫挥杆力学（见表9.2）。

表9.2 核心稳定性训练

每周做以下训练3天。以循环的方式做5组，每组重复10次，每项训练保持练习45秒。
瑞士球仰卧拱桥
侧向拱桥
俯卧平板支撑

高尔夫球的核心爆发力

通过等长训练获得良好的基础后，就将重点转移到发展核心肌肉的爆发力，所用的方法是涉及躯干旋转的更高速训练。在稳定性训练期间的暂停日做表9.3中的训练。

表9.3 核心爆发力训练

以循环的方式每项训练做5组，每组重复10次，每组之间休息1分钟。身体的两侧所训练的重复次数相等。向心阶段要加速完成。
旋转投掷药球
转身向墙壁投药球
绳索低/高劈砍练习
绳索高/低劈砍练习

高尔夫球专项核心训练

可以使用各种各样的训练工具来有效地训练高尔夫球运动员的核心肌肉。可以使用2～4.5千克的加重杆来模拟高尔夫球杆，增加挥杆过程中所用到的关节的负荷。参与从冠状面、矢状面、横断面和斜平面解决核心肌肉的稳定和动态功能的地面训练尤为重要。可以设计使用绳索和阻力带，并结合运动链中下肢、躯干和上肢多个运动链环的协同动作的训练。

冰球

乔尔·雷特尔

想要在冰球项目中获得成功，必须掌握很多重要的技巧。冰球是一种高速厌氧体育运动，涉及加速、减速、突然停下和爆发性启动（Twist, 2001）。对冰球运动员而言，进行激发高度核心肌肉活动的旋转运动至关重要。在冰球中，髋关节、躯干和肩膀均存在旋转运动。从旋转运动产生的力量中，大约有30%～50%来自髋关节和肩膀（Yessis, 1999）。此外，Wells和Luttgens（1976）的研究表明，在击球期间，25%的力量来自于躯干，40%～45%来自于肩部，而30%～35%来自于肘部和手腕。

鉴于冰球的复杂、快节奏和多变性，全面考虑冰球运动员的需求对制订核心训练计划至关重要，包括提高运动性能和预防受伤。冰球常见的动作，比如击球，要求躯干进行高效的旋转运动，所以需要训练核心肌肉的重复动作一致性和抗疲劳能力。关于解决核心肌肉的重要性，McGill（2004）指出，"最成功的训练计划应该强调脊柱稳定性，训练要在保持良好脊柱姿势的同时强调髋关节的灵活性"。同样，如果运动员的腹部肌肉无力，就可能存在骨盆无阻力前倾的风险，可能导致腰椎过度伸展和压力过大（Porterfield & Derosa, 1998）。因此，加强腹部肌肉对冰球非常重要，因为运动员在打球时经常保持屈曲髋关节和前倾骨盆的状态。要想发展针对冰球的核心肌肉，制订训练计划时应该依次加入运动链的各个环节（Szymanski, DeRenne & Spaniol, 2009）。

对冰球运动而言，作用于脊柱骨盆髋关节（LPH）复合体的核心肌肉尤为重要。LPH复合体受到29对肌肉的作用（不包括骨盆底肌肉），其中16对肌肉负责髋关节的内旋和外旋（Fredericson & Moore, 2005；Goodman, 2004；Ninos, 2001）。在滑冰期间（加速、减速、阻截）和使用球棍技术期间（传球、射门和阻截），力量从LPH复合体发出或被其吸收，并最终向上转移到躯干和肩膀。LPH、躯干和肩膀之间的紧密联系是显而易见的。如果运动员的髋关节旋转缺乏灵活性，LPH缺乏保持平衡的稳定性，或者躯干和肩膀缺乏控制冰球所需的力量、爆发力和旋转能力，那么将很难有良好的发挥。此外，如果运动员的这些部位存在任何不足，由于冰球运动本身的技术使用相当频繁，都可能会增加受伤风险。

作用于胸椎和肩带的核心肌肉也分别对躯干和肩膀的旋转起重要的作用。由于40% ~ 45%的旋转力来自肩部，所以上半身的前部和后部肌肉的后续平衡非常关键。胸大肌、背阔肌、前三角肌和肱三头肌对产生射门力量至关重要，而肩袖和上背部的肌肉对某些技术中肩带减速至关重要，比如操控和射门技术。发展核心肌肉要考虑三个方面：（1）建立髋关节的灵活性，让运动员有能力在所有平面有效和高效地运动；（2）确保LPH复合体有能力稳定核心区域内和周围的所有结构，让运动员可以加速、减速和产生高水平力量；（3）建立胸椎灵活性，以使在比赛中可以根据需要充分旋转身体。

冰球比赛要求高效的核心肌肉功能，以提供脊柱稳定性和躯干灵活性。体能训练专家需要考虑运动链的内部连接的重要性，以生产高效率的运动。冰球要求稳定性和灵活性之间的复杂结合；因此，制订一个循序渐进、连续统一，同时强调稳定性和灵活性，以最终发展出全范围旋转动作为目标的核心肌肉训练计划才能获得最佳的结果。

核心稳定性和灵活性训练

表10.1是针对冰球的核心肌肉发展训练计划的例子，包括从初级发展到中级再到高级。球员应该从每周一次或两次训练开始，然后逐渐增加至每周两次或三次。

表10.1 冰球核心肌肉发展训练计划

初级训练：1或2次 × 周	第1周
瑞士球侧向卷腹	2×10
瑞士球旋转卷腹	2×10
仰卧摆腿	2×10
四点支撑－交替对侧举	每次2×10
悬挂抬膝	2×10
初级和中级训练：2或3次 × 周	第2周
绳索高/低劈砍练习	每次2×10

续表

初级和中级训练：2或3次×周	第2周
绳索低/高劈砍练习	每次2×10
俄罗斯转体	每次2×10
坐姿胸前推药球	2×10
反向下手抛药球	每次2×10
过顶砸药球	每次2×10
中级训练：2或3次×周	第3周
杠铃片对角线下砍	每次2×15
哑铃侧屈	每次2×15
转身向墙壁投药球	每次2×15
反向瑞士球腹背训练	每次2×15
绳索跪地旋转卷腹	2×15
高级训练：3次×周	第4周
杠铃前滚	2×20
过顶分腿深蹲	每次2×20
三点武士式	每次2×20
侧抬双腿	每次2×20
瑞士球旋转背伸练习	每次2×20
旋转砸药球	2×20

冰球专项核心训练

发展和保持高水平的髋部和肩部灵活性对高效的冰球表现至关重要。在大力射门过程中向上挥杆和向下击球阶段分别需要肩部的外旋和内旋。此外，滑冰要求多平面灵活性和通过髋关节产生力量，而稳定的核心区有利于高质量地完成动作。髋关节灵活性的训练包括站立摆腿，四点支撑髋关节环转，侧重于髋关节屈曲、伸展、外展、内收、内旋和外旋的栏架训练。

11

足球

布里杰什·帕特尔

足球是全世界参与最广泛的体育运动。是一种要求极高的运动，而且运动水平取决于很多不同的运动素质。速度、敏捷性、爆发力、反应速度、柔韧性、力量以及有氧和无氧能力都是参与顶级比赛的必备素质。

在巨大的足球场比赛90分钟，其间没有定期休息时间。球员在比赛中可能跑动8 ~ 12千米，其中步行占比24%、慢跑占比36%、追逐占比20%、冲刺占比11%、向后移动占比7%和控球移动占比2%（Reilly, 1996）。足球运动员拥有惊人的有氧代谢能力，根据报告，精英足球运动员的每千克体重每分钟最大摄氧量达到55 ~ 70毫升（Bangsbo, 1994；Bangsbo, Nørregaard & Thorsøe, 1991）。足球比赛在平均强度接近乳酸阈值水平下进行——大约为最大心率的80% ~ 90%（Reilly, 1996；Helgerud et al., 2001）。这些统计数字反映出训练足球运动员的有氧和无氧能力的重要性。

由于强调力量训练，美国的足球运动员更倾向于频繁的身体接触，而力量训练对产生力量和最终爆发力起到巨大作用，同时也降低了受伤概率。通过提升运动员产生力量和做功的能力，运动员将力量转换成运动表现的潜力也随之提升。经过力量和爆发力训练之后，运动员跑得更快、爆发力更好和运动效率更高。因此，受过良好训练的核心肌肉对帮助球员更高效地运动和降低受伤风险都非常重要。

足球项目核心发展的重要性

足球涉及大量在三个平面上的不同动作。这些动作高度协调，需要大量的能量从下半身通过躯干转移到上半身。如果没有稳定的躯干，上肢和下肢就不能有效地在比赛中进行强有力的动作。稳定的躯干让足球运动员可以保持直立的姿势，并协助呼吸系统提供达到最大摄氧量所需的气流，有助于获得最佳的运动表现。

训练核心肌肉的各种动作能提高运动员吸收外部力量的能力，降低受伤的概率。如果核心训练仅包括卷腹或者仰卧起坐，就可能会导致肌肉不平衡和运动链缺陷，无法有效吸收外部力量和快速改变方向。例如，仰卧起坐的最初10～30度由腹直肌来完成，而剩余的动作角度则在屈髋肌的协助下完成。过度收缩屈髋肌会导致骨盆向前倾斜，从而导致腰椎伸展过度和臀大肌相互抑制。当关节一侧的肌肉（主动肌）处于活动状态而另一侧的肌肉（拮抗肌）处于放松状态，就会发生交互抑制，从而引起拮抗肌执行动作。在这种情况下，因为屈髋肌缩短和过度活跃，臀大肌放松并停止工作。这将导致腘绳肌和下背部肌肉被补偿性激活来执行动作（跑步、步行、跳跃）。这些不正确的使用模式可能导致过劳损伤，比如屈髋肌和腹股沟拉伤、下背部疼痛，甚至更糟的运动疝。因此，采取平衡的方法训练核心肌肉对于形成最佳运动模式非常重要。

艾比·瓦姆巴克强有力的射门得益于她充分发展的核心肌肉和爆发力的完美传递。
© Bill Streicher/Icon SMI

灵活性-稳定性的统一

整个身体的每个关节都需要一定的稳定性或灵活性。稳定性即控制力量或运动的能力，而灵活性是能够自如移动的能力；良好的关节灵活性要求关节周围的肌肉能够高效地收缩和放松，让动作得以顺畅地执行。核心区包含多个关节，比如脊柱的椎间关节和髋部的髋股关节。因此，核心肌肉的主要功能是提供稳定性，从而让上肢和下肢的关节获得更好的灵活性，同时让力量能够更高效地通过这些运动链环进行传递。良好的足球核心肌肉发展要求采取平衡发展的方式，同时确保脊柱稳定性和髋关节灵活性（McGill, 2004）。这种方法有助于训练足球运动员达到比赛要求。

循序渐进

在许多训练计划中，训练的循序渐进是一个经常被忽略的可变要素。体能训练中未能采取循序渐进的方法将增加运动员受伤的风险。运动员必须能够没有瑕疵地、可控地执行每项训练。运动员只有在能够正确地执行当前阶段的训练之后，才能进入下一个阶段的训练。

表11.1、表11.2和表11.3列出了一些针对初级、中级和高级足球运动员的核心发展训练计划例子。

表11.1　　　　　　　针对足球的初级核心发展训练计划

训练日	训练项目	组数 × 重复次数
1	俯卧平板支撑	3×40秒
	瑞士球背伸练习	3×12
2	四点支撑−交替对侧举	每侧3×12
	哑铃侧屈	每侧3×12
3	瑞士球卷腹	3×12
	死虫姿势	3×40秒

表11.2　　　　　　　针对足球的中级核心发展训练计划

训练日	训练项目	组数 × 重复次数
1	平板支撑交替抬脚	每侧腿3×60秒
	绳索侧屈	3×15
2	绳索跪地卷腹	3×15
	臀肌−腘绳肌收缩	3×15
3	屈腿瑞士球仰卧拱桥	保持60秒
	腿下放	3×15

表11.3 针对足球的高级核心发展训练计划

训练日	训练项目	组数 × 重复次数
1	杠铃前滚	3 × 25
	倾斜杠铃旋转	3 × 25
2	杠铃片两头起	3 × 25
	侧抬双腿	每侧3 × 25
3	反向下手抛药球	每侧3 × 10
	过顶投掷药球	每侧3 × 10

足球专项核心训练

在足球适应性训练之间可以加入核心稳定性训练。例如,间隔性适应性训练之间在草地上做各种形式的平板支撑。由于稳定的核心区在带球、传球和踢球期间对下肢控制极为重要,因此足球运动员可以在平板支撑中加入各种下肢动作(包括屈曲、伸展、外展、内收、内旋和外旋)。足球掷边线球可以与向球场投掷药球交替进行,以解决力量–速度曲线上的不同点和训练核心肌肉快速产生力量。

小结

足球运动员的核心发展光靠坐在地板上做仰卧起坐是不够的,需要采用精心策划的方法来训练核心肌肉,在为比赛做好准备的同时也降低了受伤风险。

游泳

斯科特·雷瓦尔德

游泳速度取决于运动员在使用四肢产生推进力的同时尽量减少在水中前进时形成的拖拽阻力的能力。虽然全身力量重要，但是成绩最好的运动员通常是那些能够在水中摆出高效的流线型身体姿势且同时保持良好的支撑面的选手，借助这个模式可以利用四肢有效地产生推进力。与大多数体育运动类似，躯干的核心肌肉训练对游泳表现极其重要。

然而，游泳是一项独特的体育运动，因为运动员与地面没有相互作用；但是运动员仍然需要保持稳定的躯干，让四肢可以通过躯干产生推进力。在地面上进行的体育运动中，地面反作用力通过运动链从下肢向上转移；这种情况让网球运动员能够发出高速度的球或足球前锋突破防守。相反，游泳运动员不仅需要高效地通过核心肌肉将上半身和下半身连接起来，还需要保持脊柱的稳定性，从而形成一个支撑面，让游泳运动员可以借此进行适当的划水方式。

训练不佳的核心肌肉可能导致技术缺陷和效率低下问题，不仅对运动表现产生负面影响，甚至可能导致损伤。谈到力量训练，核心肌肉无疑是游泳运动中最为重要的身体部分，而且高效的训练计划应该涉及组成核心区的所有肌肉，以实现肌肉平衡，让所有平面上的动作都非常高效。

无论是自由泳、仰泳、蝶泳还是蛙泳，每个划水动作都依赖于得到良好训练的核心肌肉来保持躯干的稳定性。这会从几个方面提升游泳表现：

> ▶ 保持身体在水中的流线型姿势：游泳运动员在转身后从泳墙离开或在水面上游泳时，流线型姿势（以尽可能小的身体截面在水中穿梭）降低了阻力且让所产

生推进力更加高效。 如果躯干的稳定性不佳，双腿就可能会下沉，从而产生更大的拖拽阻力。此外，核心肌肉无力的游泳运动员经常会在做每个划水和蹬腿动作时形成鱼尾摆动（臀部和腿部左右摆动），这会形成额外的阻力，进一步降低游泳效率。因此，通过给予核心肌肉良好的训练来发展躯干稳定性的主要优势是游泳运动员不需要更用力地划水或蹬腿就可以游得更快，只是因为身体呈直线姿势之后阻力减小了。

▶ 建立稳定的支持基础：据称躯干稳定性能够促进四肢末端的灵活性，而在游泳运动中当然也是如此。换句话说，良好的躯干稳定性能够让游泳者自如地使用四肢来产生推进力。很多缺乏躯干稳定性的游泳者往往依赖双臂（例如更宽或更深的划水动作）和双腿（例如双腿张开）来在水中实现平衡，这种现象在呼吸时表现得更加明显。正因为如此，双臂和双腿产生推进力的潜能没有得到充分发挥。躯干稳定性为双臂和双腿产生高效的推进力和动作提供所需的支持基础。

▶ 提高蹬腿的效率：是否试过在桌面上拉动一根绳子？虽然在桌面上拉动绳子很容易（就像用双臂拉动柔软的身体在水中移动），但是试图推动绳子就非常困难，因为绳子是软的。这就像核心稳定性不佳的游泳运动员试图通过蹬腿来推动身体在水中前进。在上半身和下半身之间创造牢固的链接让双腿能够推动身体在水中前进，而不是完全依赖于双臂划水。

▶ 在自由泳和仰泳中产生身体旋转：大多数自由泳和仰泳运动员，曾有过被教练要求从髋关节旋转身体的经历。这种身体旋转对提升划臂和蹬腿动作的效率是必要的。虽然有一些旋转是蹬腿形成的，但是大部分是来自核心肌肉，特别是腹斜肌。

▶ 存储和释放弹性能量：得到良好训练的核心肌肉让游泳运动员在划水的某些阶段储存能量，并在划水周期的后期释放这些能量（例如在蛙泳的呼吸阶段抬高躯干时将能量储存在核心肌肉，并在身体快速向前移动时释放能量）。良好的躯干稳定性还可以让蹬腿产生的推进力驱动身体前进，从而增加上半身产生的爆发力。

总之，拥有稳定的躯干可以产生更大的推进力、流线型更好身体姿势和更高效的划水动作，从而让游泳速度变得更快。

针对游泳运动员的核心肌肉发展指导原则

有效的游泳核心肌肉发展训练计划应该体现以下原则：

► 要促进躯干稳定性，而不只是孤立的力量：在移动胳膊和腿的同时保持平衡与身体姿势极为重要，而且一个有效游泳训练计划应该将核心肌肉训练和肢体动作相结合。

► 保持脊柱的正常弧度：脊柱在正常的弧度下最强大、最稳定。训练的重点应该放在保持这种姿势上。

► 既要在水中又要在陆地上进行核心肌肉训练：利用机会使用浮板和其他设备在水中发展核心肌肉，让身体在游泳环境中得到平衡挑战。

► 让全部核心肌肉得到锻炼：发展躯干屈肌的同时，也要强调躯干伸肌的训练。就力量而言，游泳运动员自然是占正面主导地位，因此，游泳运动员要更加强调躯干伸肌的训练。

► 还可以使用新式力量训练工具来促进躯干稳定性：悬吊训练系统让游泳运动员在发展肢体末端灵活性的同时要求躯干稳定性。

► 每周训练核心肌肉三或四次：意味着这些肌肉要在很长一段时间内保持活跃，但是应该遵循适当的训练原则，在每次训练之间安排恢复时间。

► 遵循循序渐进的原则：从初级训练过渡到高级训练，循序渐进让躯干稳定性得到最有效的发展。例如，游泳运动员可以从俯卧拱桥开始，让双膝和双前臂都趴在稳定的表面上，比如地板。然后，随着时间的推移，可以递进到将肘部放在瑞士球上，同时交替将一侧手臂从瑞士球上抬起和伸直。

针对游泳运动员的进阶核心肌肉训练

牢记上述原则，下面是一些针对游泳运动员核心肌肉力量和躯干稳定性的进阶训练例子。

俯卧平板支撑进阶训练

1. 初级：膝盖或脚趾和前臂接触地面。
2. 中级：前臂放在瑞士球上。
3. 高级：轮流将每侧脚抬离地面7.5 ~ 15厘米。
4. 高级：轮流将每侧胳膊从瑞士球抬起并伸直在头顶。

瑞士球仰卧拱桥进阶训练

1. 初级：双脚和膝盖都放在瑞士球上；骨盆向天花板方向抬高，数三下之后降低。

2. 中级：同一个练习，唯一不同的是整个过程仅保持一侧腿伸直。

3. 高级：脚跟放在瑞士球上；保持仰卧拱桥姿势。

4. 高级：轮流将每一侧脚从瑞士球抬起。

侧向拱桥进阶训练

1. 初级：前臂趴在地面上，从脚踝到头部保持一条直线。

2. 中级：将上侧腿抬起离开地面30 ~ 60厘米。

3. 高级：执行侧向拱桥的同时单臂后拉。

死虫姿势进阶训练

1. 初级：膝关节弯曲呈90度，双脚放在地面上，轮流将每侧脚从地面抬起15 ~ 20厘米。

2. 中级：髋关节和膝关节弯曲呈90度，轮流伸展每侧腿，完全伸直之后距离地面7.5 ~ 15厘米。

3. 高级：执行同样的练习，但是在伸展右腿的同时将左臂伸直在头顶上方，反之亦然。

四点支撑－交替对侧举进阶训练

1. 初级：四肢着地，抬起右腿和左臂，直至与地板平行。

2. 中级：执行同样的练习，不同之处是利用瑞士球支撑身体。

3. 高级：尝试同时将右臂和右腿抬高，每次重复轮流使用左右两侧。

折刀式屈体进阶训练

1. 初级：双手距离与肩同宽放在地板上，双脚放在瑞士球上，将膝盖缩回到胸部。

2. 中级：执行同样的练习，但是轮流将膝盖缩回到左侧和右侧肩膀。

3. 高级：保持左脚在地板上，抬起右脚和右膝盖并收缩到左肩。在下一次重复时，将左膝盖缩回到右肩膀。

仰卧摆腿进阶训练

1. 初级：以背部躺在地板上，膝盖弯曲呈90度角，双脚放在地板上的，慢慢将双膝向身体的右侧摆动，然后回到初始位置。轮流将双膝向身体的左右两侧摆动。

2. 中级：膝盖和髋关节弯曲呈90度角，在后续的重复中轮流将双腿向身体的左右侧摆动（向地面方向）。

3. 高级：髋关节弯曲呈90度角，双腿伸直，在后续的重复中轮流将双腿向身体的左右侧摆动（向地面方向）。

游泳核心训练实例

一个有效训练计划要求每周训练核心肌肉三或四次，每次训练选择四或五项练习。选择最适合自己的能力水平的强度。

开始时执行一组15次重复（或者如果适当的话，保持姿势15～20秒）的训练。在增加第二组训练之前，先将第一组的次数增加到25次（或保持姿势30秒）。最终的目标是每项练习25次，共3组。表12.1、表12.2和表12.3介绍了针对游泳运动员的核心训练计划例子。

表12.1　　　　　　　　针对游泳运动员的核心训练计划例子1

训练项目	组数和重复次数或保持时间
俯卧平板支撑	15秒
侧向拱桥	每侧15秒
四点支撑－交替对侧举	1×15
俄罗斯转体	1×15
悬吊划船	1×15
俯卧平板支撑	20秒
侧向拱桥	20秒
四点支撑－交替对侧举	1×25
俄罗斯转体	1×25
俯卧平板支撑	30秒
侧向拱桥	每侧30秒
四点支撑－交替对侧举	2×25
俄罗斯转体	2×25
俯卧平板支撑	30秒
侧向拱桥	每侧30秒
四点支撑－交替对侧举	3×25
俄罗斯转体	3×25

表12.2 针对游泳运动员的核心训练计划例子2

训练项目	组数和重复次数或保持时间
瑞士球仰卧拱桥	15秒
折刀式屈体	1×15
仰卧交替抬腿	每侧1×15秒
瑞士球平板支撑到躯干折叠	1×15
侧抬双腿	1×15
瑞士球仰卧拱桥	20秒
折刀式屈体	1×20
仰卧交替抬腿	每侧1×25秒
瑞士球平板支撑到躯干折叠	1×25
侧抬双腿	1×25
瑞士球仰卧拱桥	30秒
折刀式屈体	2×25
仰卧交替抬腿	2×60秒
瑞士球平板支撑到躯干折叠	2×25
侧抬双腿	2×25
瑞士球仰卧拱桥	30秒
折刀式屈体	3×25
仰卧交替抬腿	每侧3×25
瑞士球平板支撑到躯干折叠	3×25
侧抬双腿	3×25

表12.3 针对游泳运动员的核心训练计划例子3

训练项目	组数和重复次数或保持时间
死虫姿势	1×15
折刀式屈体	1×15
游泳式	30秒
瑞士球卷腹	1×15
仰卧摆腿	1×15
死虫姿势	1×25
折刀式屈体	1×25
游泳式	40秒
瑞士球卷腹	1×25

续表

训练项目	组数和重复次数或保持时间
仰卧摆腿	1×25
死虫姿势	2×25
折刀式屈体	2×25
游泳式	50秒
瑞士球卷腹	2×25
仰卧摆腿	2×25
死虫姿势	3×25
折刀式屈体	3×25
游泳式	60秒
瑞士球卷腹	3×25
仰卧摆腿	3×25

游泳专项核心训练

在水中进行的练习尤为有益，不仅可以训练核心肌肉，还可以提升游泳技能。一项对游泳运动员特别有用的核心训练是浮板进阶训练，如下所述。

1. 初级：一块或两块浮板放在胸膛下方，以流线型姿势在浮板上获得平衡。

2. 中级：在胸膛下方添加更多浮板，以增加挑战难度。

3. 高级：在流线型姿势下，轮流让胳膊和腿做弧线扫动动作。

注意，该训练的另一种方法是让背部保持流线型姿势，将浮板放在背部的中上位置。

网球

马克·科瓦奇

网球是对身体素质要求非常高的复杂运动，需要高水平的力量、爆发力、速度、灵敏、耐力、协调能力、平衡能力和柔韧性。最成功的网球球员都是最好的全能运动员。结实、有力、高效的核心肌肉对网球的成功至关重要。网球是一项基于地面的体育运动，运动员需要高效地将能量从地面转移到躯干，经过躯干最终转移到手臂和球拍，然后再转移到球上。训练核心肌肉有助于提高能量转移，让击球动作获得更大的运动速度、更大的爆发力和更好的敏捷性（发球、正手、反手和截击），同时还可降低运动链弱点和受伤概率。

在竞技网球运动中，得分的时间很短（平均小于10秒），每次得分平均要改变4次方向（Roetert & Ellenbecker，2007；Kovacs，Chandler & Chandler，2007）；然而，每次得分可能一个动作就搞定，也可能要在多个回合中改变方向15次以上。一场比赛出现超过500次的方向变化并不罕见。球的飞行距离短，方向改变次数多，而且所有平面上的动作需要产生爆发力，这就要求训练计划把重点放在核心肌肉力量、柔韧性和爆发力上。因为网球是一项需要大量旋转动作的体育运动（例如发球、正手和反手），在训练核心肌肉时注重旋转动作应该是网球训练计划的重点。

因为网球运动员通常是站立的，因此训练时采用基于地面的核心肌肉动作非常重要（让脚在地面上而不是下背部或腹部）。有助于在发展核心肌肉的同时训练比赛过程中所用到的动作和爆发力。运动员通常过于关注核心肌肉的力量、爆发力和耐力，没有足够重视核心肌肉的功能柔韧性，而功能柔韧性才是真正将健身房的训练转换成比赛成绩的关键因素。

典型的竞技性网球运动员的柔韧性组成部分包括相对结实的屈髋肌、脊柱直立肌（竖脊肌和多裂肌）、髋关节外旋肌和腘绳肌。这四个肌肉群是核心肌肉训练计划的重点，因为其起迅速改善球场表现和降低受伤概率的作用。青少年、大学和成人竞技性网球运动员的受伤大部分发生在下背部，而适当的核心肌肉发展可能有助于预防这些伤害。

所有网球击球动作都与核心肌肉有很大的关系。虽然存在网球运动员只需要解决横断面和矢状面的动作的误解，但是躯干侧屈（特别是发球时）对爆发力的产生至关重要。给网球运动员设计的典型核心肌肉训练主要突出横断面和矢状面上爆发性躯干动作（例如旋转投掷药球、劈砍练习）。加入包括侧重于横断面、冠状面和矢状面的核心肌肉训练是网球综合核心肌肉训练计划的重要组成部分。

就竞技性网球运动员而言，腹部肌肉和下背部肌肉的力量不平衡一直是个问题（Roetert et al.，1996）。因此，对网球运动员进行体检筛查确保这种不平衡在适当范围之内非常重要，此外可以制订训练计划来纠正这些潜在的不平衡。

网球核心训练的原则

下面是网球运动员训练核心肌肉时要记住的简单原则：

▶ 大部分核心肌肉训练应该是基于地面的。

▶ 大多数核心肌肉训练应该侧重于旋转动作。

▶ 针对网球的相当大一部分核心肌肉训练应该注重动态动作（例如绳索或药球旋转），但也要加入一些静态姿势（例如拱桥姿势），以发展核心的小稳定肌。

▶ 核心肌肉的肌耐力是网球运动的重要元素，因为比赛可能持续超过三个小时，而在每个动作和击球中都要用到核心肌肉。

▶ 因为网球运动员的前部和后部核心肌肉之间通常存在力量不平衡，因此对他们进行筛查并纠正任何腹部和背部肌肉的极端不平衡非常重要。

▶ 网球核心肌肉的发展还需要加入有条理的柔韧性锻炼计划，以满足网球运动员的个人需求，降低受伤概率和提高功能柔韧性。

核心训练

绳索躯干旋转

俯卧平板支撑

    侧向拱桥

    过顶分腿深蹲

    杠铃片对角线下砍

    转身向墙壁投药球

    屈腿瑞士球仰卧拱桥

网球核心发展训练实例

    表13.1、表13.2和表13.3介绍了针对初级、中级和高级网球运动员的核心训练计划例子。

表13.1　　　　　　　　　　　针对网球的初级核心发展训练计划

训练项目	组数和重复次数或保持时间
背部伸展/腹背训练	2×15
俯卧平板支撑	保持2×2 ~ 30秒
侧向拱桥	2×20秒
四点支撑–交替对侧举	每侧2×10

表13.2　　　　　　　　　　　针对网球的中级核心发展训练计划

训练项目	组数和重复次数或保持时间
俄罗斯转体	每侧2×10
绳索躯干旋转	每侧2×10
屈腿瑞士球仰卧拱桥变化动作	每条腿保持2×10
转身向墙壁投药球	每侧2×10
阻力带向前移动	保持2×1 ~ 60秒
哑铃侧屈	2×15

表13.3　　　　　　　　　　　针对网球的高级核心发展训练计划

训练项目	组数和重复次数或保持时间
杠铃前滚	2×10
过顶分腿深蹲	2×10
仰卧摆腿	2×10

训练项目	组数和重复次数或保持时间
过顶砸药球	2×6
绳索躯干旋转	2×10
臀肌–腘绳肌收缩	3×20
侧抬双腿	2×10

网球专项核心训练

　　请注意每次核心肌肉训练课的末尾都应该强调屈髋肌、脊柱直立肌（竖脊肌和多裂肌）、髋关节外旋肌以及腘绳肌的伸展。此外，许多一般核心肌肉训练可以在改编之后用于网球训练；例如，保持下蹲姿势一定时间的瑞士球过顶深蹲可以稍加改变。具体而言，就像标准的过顶深蹲一样，可以将瑞士球举过头顶；保持下蹲至底部的动作20秒，其间搭档（或教练）从多个方向轻拍瑞士球，进一步挑战核心稳定性。另一项通过变化后适合网球特点的训练是绳索反向上手发球。在该训练中，运动员用手从接近对侧脚的低位置抓住绳索或阻力带，然后以网球发球的反向路径爆发性地拉绳索。

第14章

田径

杰弗里·基普

田径比赛对核心肌肉的要求非常苛刻。对于核心肌肉未得到良好训练的运动员，不管是效率、爆发力还是运动表现，都可能存在不足。核心肌肉连接上肢和下肢，而且在运动中充当它们之间的链接。不管什么样的比赛，得到良好训练的核心肌肉能够增强抗疲劳能力和运动效率，让运动员能够保持良好的姿势和技术。此外，增加核心肌肉力量有助于田径运动员有效地控制或抵抗外部作用力（例如撑竿跳和在冲刺中的惯性），以及对物体用力（例如铁饼、标枪和铅球）。提高核心肌肉力量和爆发力也有助于整个身体获得更好的平衡性和稳定性。每个踏步、跳跃或滑步，正是由于核心肌肉快速收缩抵抗向下的重力，身体才能维持每个动作的稳定和平衡。

如果核心肌肉无力或没有得到训练，力量就不能通过运动链而得到有效地传递，导致在短跑、跳跃、撑竿跳或者投掷期间运动低效和浪费肌肉弹性的能量（即能量泄漏）。能量泄漏可能发生在短跑运动员离开踏板时，而且会持续到加速阶段的每个步伐；或者发生在跳跃助跑和起跳准备阶段，以及跳远和跳高的起跳瞬间。能量泄漏也可能影响投掷铅球、链球、标枪和铁饼的表现，因为更少的地面反作用力最终被转移到所投掷的物体上。对于撑竿跳，能量泄漏可能发生在助跑、立定、起跳、弯杆、伸杆和转身阶段，减小通过撑杆向上转移的、推动运动员越过横杠的力量。

弹簧跳跳棒能够很好地说明能量泄漏的原理。弹簧跳跳棒细长的主杆是直的，采用弹性材质制成，能够提供所需的弹跳效果。这根主杆非常坚硬，甚至足以承受成年男人像孩子一样蹦蹦跳跳。主杆制成笔直、结实的是有原因的。当外力向下作用于弹簧跳跳棒时，该力量立即沿着主杆返回，产生所需的弹跳效果（即从地面跳起）。如果弹簧跳跳棒的主杆出现凹进或弯曲，那么能量在该点将会损失，导致弹跳反应不佳或甚至主杆断裂。此外，如果主杆由刚性更低的材料制成，将损失更多的能量，弹跳效果随之下降。

迈克尔·汀斯利在跨栏时的流畅很好地体现了整个身体的平衡、稳定和高效，这是健壮的核心区产生稳定的能量流动的结果。

© POOL/KMSP/DPPI/Icon SMI

说明核心肌肉需要圆柱体强度的另一个类比物体是易拉罐。假设易拉罐的两侧没有任何弱点（变形或凹进），一个正常人从顶部用力无法将它压扁。然而，如果一侧或两侧出现凹进，它将很容易就被压扁。圆柱体两侧一起作用抵抗从顶部到底部的外力。因此，核心肌肉的完整性出现微小的弱点都可能导致身体对外部力量的反应性降低。训练运动员的圆柱体（即核心肌肉）还有助于增强必要的肌肉强度，让核心肌肉能够有效地发出力量并传递到上肢和下肢末端。

针对田径运动员的核心肌肉发展训练应该在非赛季的早期开始，从低强度、高训练量的基本动作或等长练习开始。非赛季训练结束进入赛季前阶段之后，训练应该逐步增加活动性和不稳定性，更加针对特定的比赛进行训练。自重训练在非赛季的早期就要开始使用负荷了，开始训练时使用低负荷高训练量。随着力量的增加，负荷愈来愈大，而训练量越来越小。如果使用自重训练，在整个计划期间训练量会增加。投掷运动员的恢复时间间隔要延长；使用更高的负荷；对于持续高爆发力输出，每次重复都必须完全恢复。对于撑竿跳和短跑运动员，应该使用更短的休息间隔和更大的训练量，以及使用循环或者多组数的核心发展训练计划来提升抗疲劳能力。长跑运动员则应该主要使用等长练习和短休息时间间隔来促进肌肉耐力和效率。

下面的训练计划例子（表14.1）是演示了为田径运动员制订训练计划的基本概念。如果使用奥林匹克动作和基于地面的力量训练，那么核心肌肉在整个过程中将得到更多训练。

表14.1 核心肌肉发展计划例子

第1天		
顺序	训练项目	组数和重复次数
1	过顶深蹲	3×3
2	哑铃侧屈	2×8
3	俯卧平板支撑、侧向拱桥、瑞士球仰卧拱桥	保持3×（30～90）秒
4	瑞士球平板支撑到躯干折叠	2×8
5	绳索侧屈	每侧2×8
6	仰卧摆腿	3×8
第2天		
顺序	训练项目	组数和重复次数
1	倾斜杠铃硬拉-前推	4×4
2	杠铃前滚	2×10
3	杠铃片对角线下砍	2×10
4	悬挂抬腿	3×10
5	滑板缩腿	3×10
6	滑板登山	保持3×（30～90）秒
第3天		
顺序	训练项目	组数和重复次数
1	过顶分腿深蹲	5×5
2	臀肌-腘绳肌收缩	3×12
3	过顶砸药球	3×6
4	转身向墙壁投药球	每侧3×6
5	反向下手抛药球	3×6
6	绳索跪地卷腹	3×12

田径专项核心训练

上面的训练计划示例是一个通用核心肌肉发展训练计划，适用于所有田径运动员。

应该考虑将所列出的训练与推广到利用核心肌肉的其他奥林匹克举重及其变化动作和基于地面的动作相结合（例如深蹲、弓步、划船、过顶推举）。为了对比赛更加有针对性，投掷运动员可以进行更高频率的投掷药球练习；短跑和跨栏运动员可以进行更高频率的髋关节隔离动作（即外展、内收、弯曲和伸展）；跳跃和撑竿跳运动员可以利用自身体重进行更高频率的髋关节屈曲和伸展动作（例如撑竿跳运动员做瑞士球平板支撑到躯干折叠；跳高运动员做侧抬双腿；跳远运动员可以做折刀式屈体）。

排球

艾伦·赫德里克

排球是一种高速的爆发性体育运动。排球比赛由反复最高跳跃、变向冲刺、鱼跃救球和反复过顶动作组成（Black, 1995；Gadeken, 1999）。运动员在扣球或助跑跳跃时产生巨大的力量，在救球、落地或拦网时吸收巨大的力量。就排球的能量要求而言，每个回合平均持续6秒，然后有大约14秒的休息时间，如此交替进行（Gadeken, 1999）。这个静息－做功比率意味着运动员主要利用的是三磷酸腺苷－磷酸肌酸（ATP-PCr）能量系统。

考虑到每局比赛有25分，排球的能量系统训练应该包括25次或更多的5 ~ 10秒的重复。这些练习应该包括跳跃、跑动、救球和频繁变向，每次练习休息10 ~ 15秒（Black, 1995）。然而，一些练习应该持续20 ~ 45秒，因为比赛中有10%的球对打持续超过15秒，通过这些长时间练习，排球运动员能够为之做好准备。如果排球运动员的饮食是针对排球项目能量系统和动作而设计的，那么可以考虑让神经肌肉系统超负荷工作，让运动员发展出更高的跳跃能力、更快的跑动速度和更敏捷的变向能力。

特异性

在体育运动中提升身体素质的最佳方式是使用特异性和超负荷。特异性是指训练计划尽可能模拟比赛的特点。超负荷是指训练必须提供超出正常范围的刺激（重量、速度、跳跃高度和持续时间）（Black, 1995）。

实现特异性和超负荷的最有效方式是进行类似于比赛中的动作的训练。排球训练应该发展跳跃、短距离跑动、救球、爆发性旋转躯干、快速变向以及将疲劳对运动表现的影响降至最低水平的能力（Black, 1995）。当运动员从非赛季相继进入赛季前和赛季时，所选择的练习应该越来越接近比赛期间发生的动作（Hedrick, 2002）。

由于垂直跳跃和举重动作的生物力学相似（例如抓举、挺举，及各种变化动作），所以排球专项训练计划应该将重点放在这些动作上。此外，还应该将重点放在站立自由重量闭链练习上，比如深蹲和弓步。选择这些类型的练习时，应该以其运动模式与排球运动的运动模式的相似性为依据。所有这些练习都需要优秀的核心肌肉力量才能正确执行，这进一步反映了将其包含在排球训练计划中的必要性。

对排球运动员而言，高速扣球的能力也非常有价值。这种能力可以通过增加躯干和肩带肌肉的力量和爆发力来提升，方法是使用各种阻力训练和上半身增强式活动。可以使用阻力训练来辅助增强这些部位，比如仰卧推举、站立过顶推举、肩上推举和仰卧臂拉起。使用药球的增强式活动可以增加核心肌肉的旋转力量和爆发力，同时加入扣球时发生的上肢动作，也可以将更多的训练成果转换为运动表现。

核心发展训练

很多人认为训练核心肌肉和训练腹部肌肉一样。虽然腹部训练是发展核心肌肉的重要方面，但是背部肌肉的训练也非常重要（Hedrick, 2000）。一些运动动作，比如跳跃、旋转和跑动会给背部肌肉施加巨大的力量，以保持脊柱的稳定性。然而，在设计核心肌肉训练计划的时候，有时候忽略了功能性方面。这是不幸的，因为与典型的独立腹部训练相比（例如器械训练或基于地面的卷腹的训练），闭链训练需要更多的平衡和协调，而且更加贴近项目特点（因此功能性更强）。正因为如此，从站立姿势做一些躯干训练也很重要。

和训练身体的其他部位一样，核心肌肉的练习也应该周期化，逐渐从一般性力量训练过渡到模拟体育运动常见动作的训练（见表15.1）。最后，必须通过适当的超负荷训练来增加力量和爆发力。大量的低强度训练对增加力量效果不明显，对之前使用恒定阻力训练的运动员而言尤为如此。因此，在切实可行的情况下，在做表中建议的训练时应该加入额外的阻力（例如哑铃、药球和杠铃片）。

表15.1 针对排球的核心肌肉发展训练计划

入门周期1：第1～3周		
训练项目	组数和重复次数	目的
瑞士球卷腹	3×20	核心屈曲
绳索高/低劈砍练习	3×20	核心旋转
绳索低/高劈砍练习	3×20	核心旋转
背部伸展/腹背训练	3×20	核心伸展
哑铃侧屈	3×20	核心侧屈
力量周期2：第4～10周		
训练项目	组数和重复次数	目的
仰卧对侧肘膝靠拢	3×15	核心屈曲
绳索躯干旋转	3×15	核心旋转
俄罗斯转体	3×15	核心旋转
臀肌－腘绳肌收缩	3×15	核心伸展
瑞士球旋转背伸练习	3×15	核心伸展/旋转
力量周期3：第11～13周		
训练项目	组数和重复次数	目的
悬挂直抬腿/悬挂抬膝	3×10	核心屈曲
绳索跪地旋转卷腹	3×10	核心旋转
杠铃片对角线下砍	3×10	核心旋转
过顶分腿深蹲	3×10	核心伸展
仰卧摆腿	3×10	核心伸展
爆发力周期1：第14～17周		
训练项目	组数和重复次数	目的
倾斜杠铃旋转	3×5	核心旋转
过顶投药球	3×5	核心屈曲
旋转砸药球	3×5	核心旋转
过顶后抛药球	3×5	核心伸展
倾斜杠铃硬拉－前推	3×5	核心伸展
爆发力周期2：第18～22周		
训练项目	组数和重复次数	目的
转身向墙壁投药球	3×6	核心旋转
过顶投掷药球	3×6	核心屈曲
坐姿胸前推药球	3×6	核心等长协同收缩
反向下手抛药球	3×6	核心伸展
旋转砸药球	3×6	核心旋转

排球专项核心训练

　　排球运动员可以通过传统的基于地面的举重动作获得许多专项核心肌肉训练，尤其是奥林匹克举重及其变化动作。在重物举过头顶的同时伸展髋关节、膝关节和踝关节，这个动作与排球运动员的关系最为密切；例如，抓举、过顶分腿深蹲、分腿挺举和过顶弓步，对这方面的训练都特别有用。将手臂举过头顶（而不是放在两侧）以训练核心侧屈；可对绳索侧屈进行一定的改进，将一只手放于头顶上方。双脚距离较宽的相扑式硬拉也类似于排球的预备姿势，而且可以使用药球将其改编成爆发性向上抛的动作，以模拟发球的动作。

16

摔跤

埃里克·蔡尔兹

摔跤运动是世界上最古老的运动之一，已有大约5 000年的历史。目前摔跤有三种基本形式：自由式、古典式和学院式。自由式和古典式摔跤也叫国际式摔跤，出现在世界锦标赛和奥运会中。学院式摔跤仅限于美国。学院式摔跤运动员可能刚5岁就开始练习摔跤，其职业生涯跨越高中、州或大学全国锦标赛。

摔跤是一种以无氧运动为主的项目。需要反复进行对抗对手力量的动作。不管是自由式、古典式还是学院式摔跤，其最终目标都是将对手的肩膀固定在垫子上，或者通过在整场比赛中保持控制来赢得比对手更多的分数。摔跤运动员在整个比赛中所用的动作非常猛烈多变。因此，必须训练核心肌肉来高效地生产和吸收来自各个方向的力。

虽然国际式摔跤规则经历了重大的变化而且还将经历更多变化，但所有摔跤方式在整个比赛过程中都采用了三种开始姿势之一。第一种是中立姿势，两个摔跤运动员双脚站立，面向彼此。第二种是防御或底部姿势，其中摔跤运动员膝盖和双手趴在垫子上。第三种是进攻或顶部姿势，摔跤运动员双脚站立，双手放在对手背部的中间，或者单膝跪下、一只手放在对手的肘部、另一只手放在对手的腰部（仅限学院式）。无论采用什么样的起始姿势，保持稳定的核心肌肉对防守和得分非常重要。

尽管自由式、古典式和学院式的开始姿势和许多基础动作都很相似，但也有几个重要的差别。在古典式摔跤中，当两个摔跤运动员处于中立姿势时，不可以抱住对方的腰部以下。在垫子上做出防御姿势时，古典式摔跤和自由式摔跤的目标都是不被翻转以背部着地。在学院式摔跤中想要得分，需要防守方避开、进入中立姿势或者扭转和获得对对手的控制权。在学院式摔跤中，进攻方可以通过骑在对手身上一分钟及以上或者保持将对手按在地面上来得分，而在自由式和古典式摔跤中，如果出现双方选手在一段时间内僵持不下，一方无法将对方翻转时，双方选手可以恢复站立，重新比赛。

所有三种摔跤的进攻和反击持续6~10分钟或更长时间，导致极度依赖于无氧糖酵解，最终导致代谢性酸中毒和疲劳。因此，摔跤运动员要想取得成功，最需要优先考虑的是发展核心肌肉的抗疲劳能力。鉴于该原因，摔跤力量训练计划要通过各种方法来强调核心肌肉的爆发力、力量、局部肌肉耐力和姿势稳定性，在提高成功机会的同时降低受伤风险。

与核心区相关的受伤（躯干、髋部和大腿）约占所有高中摔跤运动员受伤总数的16.5%，占所有大学摔跤运动员受伤总数的20%以上（Yard et al., 2008）。核心肌肉（例如包括臀肌、腹肌和多裂肌）是运动链的重要组成部分，可以将下半身的力量转移到上半身。与摔跤有关的动作质量与运动链息息相关，因为这些动作均需要以最大或接近最大的力量和爆发力来进行。具备适当的核心肌肉力量可以预防伤害，因为脊柱和髋关节部位的稳定性和支持得到了加强（Kraemer, Vescovi & Dixon, 2004）。

整个赛季的核心发展

核心发展可以而且应该将各种方式的练习都加入到每次训练中。一些练习可以进行一组4~6次重复，例如弓步躯干旋转、髋关节翻滚、俯卧撑、四点支撑交替对侧举、手脚走，同时可以作为动态热身的一部分，而无需占用大量的时间。

赛季前

赛季前是进行各种核心肌肉群日常训练的好时机，可以加入药球腹部练习、旋转和扭转（见表16.1）的循环锻炼。赛季前训练的2~4周应该在热身运动之后加入核心练习，此时摔跤运动员注意力集中，能够专注于掌握技术。在每周的训练中，可以每隔一天或两天在不同的时间点加入一个不同的日常练习（例如在摔跤之前或之后，在适应性训练之前或之后）。

在最初4~6周日常核心练习之后，摔跤运动员应该已经发展出局部肌肉耐力基础，可以进入更高强度的练习以增加力量。训练中应该加入能够应付矢状面、冠状面和横断面所产生和吸收的力量的练习。

表16.1 赛季前：下背部、腹部和旋转训练计划

特定的日常核心练习应该在热身运动之后进行，每隔一天做一次。对于上面列出的每个练习，首先从一组的6～8次重复开始，然后逐渐增加至20～25次重复。
例行练习1
瑞士球卷腹
瑞士球旋转卷腹
侧向卷腹
伏地挺身
例行练习2
绳索跪地卷腹
倾斜杠铃旋转
死虫姿势
屈腿瑞士球仰卧拱桥
例行练习3
仰卧起坐
侧抬双腿
四点支撑–交替对侧举
转身向墙壁投药球
例行练习4
过顶投药球
三点武士式
旋转砸药球
悬吊向后划船

摔跤专项核心训练

随着摔跤运动员从赛季前进入常规赛季，其成功将取决于力量速度、技术以及处理高水平代谢性酸中毒的能力。每周每隔1～3天在训练中加入各种搭档举重练习能够增加摔跤专项的核心肌肉力量并提升技术。搭档举重要求举起身材大小相似的搭档；要加入特定的摔跤技术（动作），然后重复预定的次数。这些举重练习能够帮助摔跤运动员完善其技术，效果取决于不同的强度（较轻或较重的搭档）、执行的重复次数和组数以及每组之间的休息时间。这些练习还特别有助于发展摔跤核心肌肉力量、爆发力和

局部肌肉耐力。

随着赛季后临近，让摔跤能力在正确的时间达到高峰是在州比赛和国家锦标赛中取得个人成功的关键，因此要求发展核心肌肉的训练越来越接近摔跤比赛中的强度、持续时间和负荷。在赛季的最后3～5周和进入赛季后，每周每隔1～2天完成一个专项摔跤循环训练有助于运动员保持新陈代谢、力量、爆发力和局部肌肉耐力水平。下面是一个循环训练例子（见表16.2）。

表16.2 赛季结束和赛季后训练：专项摔跤循环训练例子

两个摔跤运动员合作，轮流作为举重者和被举者。举重者完成整个循环3次。然后两个人切换角色，让新的举重者完成整个循环3次。

动作	持续时间或重复次数
药球压入步法；搭档互相传球；拦截、加速下抛、四肢伸开地坐着、接住	跨越整个房间的长度
缠抱、闪避和举起对方，投掷药球（三部位伸展和向后投掷）	2次
双脚踢向搭档，搭档深蹲，放下搭档完成两次跳箱子	2次
击败搭档和控制手腕	4次
与搭档熊爬（站立面向练习者，双手放在肩膀上提供阻力）	跨越整个房间的长度
提单腿，腿伸直，头靠在二头肌上，拉进，站起来，完成动作分解；接下来做3个引体向上（切换抓握，最后一个20秒内完成）	2次
搭档跨过上背部，进入地面，站起来或推回原点，停止，四肢伸开坐着，3拍俯卧撑	2次
腿部阻力带（前进、后退、侧移步、克力欧卡脚步、摔跤动作）	跨越整个房间的长度
手动阻力：后三角肌、内/外旋，四向颈部练习、四向腹肌练习	每个重复10次

小结

摔跤是一种独特的搏斗性质的体育运动，要求运动员具有耐力、速度和爆发力（Kraemer et al., 2004）。发展这种力量和爆发力需要个性化综合力量训练计划，注重摔跤运动员的核心肌肉的各个方面。

参考文献

第1章

Amonoo-Kuofi, H.S. 1983. The density of muscle spindles in the medial, intermediate and lateral columns of human intrinsic postvertebral muscles. *J Anat* 136: 509–519.

Arokoski, J.P., Valta, T., Airaksinen, O., and Kankaanpaa, M. 2001. Back and abdominal muscle function during stabilization exercises. *Arch Phys Med Rehab* 82: 1089–1098.

Behm, D., Drinkwater, E., Willardson, J.M., and Cowley, P.M. 2010a. A literature review: The use of instability to train the core musculature. *Appl Physiol Nutr Metab* 35: 91–108.

Behm, D., Drinkwater, E., Willardson, J.M., and Cowley, P.M. 2010b. Canadian Society for Exercise Physiology position stand: The use of instability to train the core in athletic and non-athletic conditioning. *App Physiol Nutr Metab* 35: 109–112.

Boyle, J.J., Singer, K.P., and Milne, N. 1996. Morphological survey of the cervicothoracic junctional region. *Spine* 21: 544–548.

Boyle, M. 2004. Lower body strength and balance progressions. In *Functional Training for Sports*, 53–73. Champaign, IL: Human Kinetics.

Cholewicki, J., Juluru, K., and McGill, S.M. 1999. Intra-abdominal pressure mechanism for stabilizing the lumbar spine. *J Biomech* 32: 13–17.

Cholewicki, J., Juluru, K., Radebold, A., Panjabi, M.M., and McGill, S.M. 1999. Lumbar spine stability can be augmented with an abdominal and/or increased intra-abdominal pressure. *Eur Spine J* 8: 388–395.

Cholewicki, J., McGill, S.M., and Norman, R.W. 1991. Lumbar spine loads during the lifting of extremely heavy weights. *Med Sci Sports Exerc* 23: 1179–1186.

Cholewicki, J., and Van Vliet 4th, J.J.T. 2002. Relative contribution of trunk muscles to the stability of the lumbar spine during isometric exertions. *Clin Biomech* 17: 99–105.

Cresswell, A.G., and Thorstensson, A. 1994. Changes in intra–abdominal pressure, trunk muscle activation, and force during isokinetic lifting and lowering. *Eur J Appl Physiol* 68: 315–321.

Floyd, R.T. 2009. *Manual of Structural Kinesiology.* 17th ed. New York: McGraw–Hill.

Grenier, S.G., and McGill, S.M. 2007. Quantification of lumbar stability by using 2 different abdominal activation strategies. *Arch Phys Med Rehabil* 88: 54–62.

Hodges, P.W., and Richardson, C.A. 1997. Feed–forward contraction of transversus abdominis is not influenced by the direction of arm movement. *Exp Brain Res* 114: 362–370.

Holm, S., Indahl, A., and Solomonow, M. 2002. Sensorimotor control of the spine. *J Electromyogr Kinesiol* 12: 219–234.

Kibler, B.W., Press, J., and Sciascia, A. 2006. The role of core stability in athletic function. *Sports Med* 36: 189–198.

Masharawi, Y., Rothschild, B., Dar, G., Peleg, S., Robinson, D., Been, E., and Hershkovitz, I. 2004. Facet orientation in the thoracolumbar spine: Three–dimensional anatomic and biomechanical analysis. *Spine* 29: 1755–1763.

McGill, S.M. 2001. Low back stability: From formal description to issues for performance and rehabilitation. *Exerc Sport Sci Rev* 29: 26–31.

McGill, S. 2006. *Ultimate Back Fitness and Performance.* 3rd ed. Waterloo, ON: Backfitpro, Inc.

McGill, S. 2007. *Low Back Disorders: Evidence Based Prevention and Rehabilitation.* 2nd ed. Champaign, IL: Human Kinetics.

McGill, S.M., Grenier, S., Kavcic, N., and Cholewicki, J. 2003. Coordination of muscle activity to assure stability of the lumbar spine. *J Electromyogr Kinesiol* 13: 353–359.

Nitz, A.J., and Peck, D. 1986. Comparison of muscle spindle concentrations in large and small human epaxial muscles acting in parallel combinations. *Am Surg* 52: 274.

Nouillot, P., Bouisset, S., and Do, M.C. 1992. Do fast voluntary movements necessitate anticipatory postural adjustments even if equilibrium is unstable? *Neurosci Lett* 147: 1–4.

Oxland, T.R., Lin, R.M., and Panjabi, M.M. 1992. Three–dimensional mechanical properties of the thoracolumbar junction. *J Orthop Res* 10: 573–580.

Panjabi, M.M. 1992a. The stabilizing system of the spine. Part I. Function, dysfunction, adaptation, and enhancement. *J Spinal Disord* 5: 383–389.

Panjabi, M.M. 1992b. The stabilizing system of the spine. Part II. Neutral zone and instability hypothesis. *J Spinal Disord* 5: 390–397.

Richardson, C.A., and Jull, G.A. 1995. Muscle control–pain control. What exercises would you prescribe? *Man Ther* 1: 2–10.

Santana, J.C. 2001. Hamstrings of steel: Preventing the pull. Part II–training the triple threat. *Strength Cond J* 23: 18–20.

Santana, J.C., Vera–Garcia, F.J., and McGill, S.M. 2007. A kinetic and electromyographic comparison of the standing cable press and bench press. *J Strength Cond Res* 21: 1271–1277.

Willson, J.D., Dougherty, C.P., Ireland, M.L., and Davis, I.M. 2005. Core stability and its relationship to lower extremity function and injury. *J Am Acad Orthop Surg* 13: 316–325.

第2章

Abt, J.P., Smoliga, J.M., Brick, M.J., Jolly, J.T., Lephart, S.M., and Fu, F.H. 2007. Relationship between cycling mechanics and core stability. *J Strength Cond Res* 21 (4): 1300–1304.

Akuthota, V., and Nadler, S.F. 2004. Core strengthening. *Arch Phys Med Rehabil* 85 (3 Suppl. 1): S86–92.

Andre, M.J., Fry, A.C., Heyrman, M.A., Hudy, A., Holt, B., Roberts, C., Vardiman, J.P., and Gallagher, P.M. 2012. A reliable method for assessing rotational power. *J Strength Cond Res* 26 (3): 720–724.

Bergmark, A. 1989. Stability of the lumbar spine: A study in mechanical engineering. *Acta Orthop Scand* 239: 1–54.

Bliss, L.S., and Teeple, P. 2005. Core stability: The centerpiece of any training program. *Curr Sp Med Rep* 4 (3): 179–183.

Claiborne, T.L., Armstrong, C.W., Gandhi, V., and Pincivero, D.M. 2006. Relationship between hip and knee strength and knee valgus during a single leg squat. *J Appl Biomech* 22 (1): 41–50.

Cook, G. 2003. *Athletic Body in Balance*. Champaign, IL: Human Kinetics.

Cosio–Lima, L.M., Reynolds, K.L., Winter, C., Paolone, V., and Jones, M.T. 2003. Effects of physioball and conventional floor exercises on early phase adaptations in back and abdominal core stability and balance in women. *J Strength Cond Res* 1 (4): 721–725.

Cowley, P.M., and Swensen, T.C. 2008. Development and reliability of two core stability field tests. *J Strength Cond Res* 22 (2): 619–624.

Gribble, P.A., and Hertzel, J. 2003. "Considerations for Normalizing Measures of the Star Excursion Balance Test" in *Measurement in Physical Education and Exercise Science*, 7(2), 89–100.Hillsdale, NJ: Lawrence Erlbaum Associates, Inc.

Hibbs, A.E., Thompson, K.G., French, D., Wrigley, A., and Spears, I. 2008. Optimizing performance by improving core stability and core strength. *Sports Med* 38 (12): 995–1008.

Ireland, M.L., Willson, J.D., Ballantyne, B.T., and Davis, I.M. 2003. Hip strength in females with and without patellofemoral pain. *J Orthop Sports Phys Ther* 33 (11): 671–676.

Kibler, W.B., Press, J., and Sciascia, A. 2006. The role of core stability in athletic function. *Sports Med* 36 (3): 189–198.

Liemohn, W.P., Baumgartner, T.A., Fordham, S.R., and Srivatsan, A. 2010. Quantifying core stability: A technical report. *J Strength Cond Res* 24 (2): 575–579.

Liemohn, W.P., Baumgartner, T.A., and Gagnon, L.H. 2005. Measuring core stability. *J Strength Cond Res* 19 (3): 583–586.

Magnusson, S.N., Constantini, M., McHugh, M., and Gleim, G. 1995. Strength profiles and performance in masters' level swimmers. *Am J Sports Med* 23: 626–631.

McGill, S.M. 2007. *Low Back Disorders: Evidence–Based Prevention and Rehabilitation*. 2nd ed. Champaign, IL: Human Kinetics.

McGill, S.M., Childs, A., and Liebenson, C. 1999. Endurance times for low back stabilization exercises: Clinical targets for testing and training from a normal database. *Arch Phys Med Rehabil* 80: 941–944.

Moreland, J., Finch, P., Stratford P., Balsor B., and Gill, C. 1997. Interrater reliability of six tests of trunk muscle function and endurance. *J Orthop Sports Phys Ther* 26 (4): 200–8.

Nadler, S.F., Malanga, G.A., Bartoli, L.A., Deprince, M., Stitik, T.P., and Feinberg, J.H. 2000. The relationship between lower extremity injury, low back pain, and hip muscle strength in male and female collegiate athletes. *Clin J Sports Med* 10: 89–97.

Okada, T., Huxel, K.C., and Nesser, T.W. 2011. Relationship between core stability, functional movement, and performance. *J Strength Cond Res* 25 (1): 252–261.

Panjabi, M. 1992. The stabilizing system of the spine. Part I: Function, dysfunction, adaptation and enhancement. *J Spinal Disord* 5: 383–389.

Plisky, P.J., Rauh, M.J., Kaminski, T.W., and Underwood, F.B. 2006. Star Excursion Balance Test as a predictor of lower extremity injury in high school basketball players. *J Orthop Sports Phys Ther* 36 (12): 911–919.

Saeterbakken, A.H., van den Tillaar, R., and Seiler, S. 2011. Effect of core stability training on throwing velocity in female handball players. *J Strength Cond Res* 25 (3): 712–718.

Sato, K., and Mokha, M. 2009. Does core strength training influence running kinetics, lowerextremity stability, and 5000–m performance in runners? *J Strength Cond Res* 23 (1): 133–140.

Shinkle, J., Nesser, T.W., Demchak, T.J., and McMannus, D.M. 2012. Effect of core strength on the measure of power in the extremities. *J Strength Cond Res* 26 (2): 373–380.

Stanton, R., Reaburn, P., and Humphries, B. 2004. The effect of short–term Swiss ball training on core stability and running economy. *J Strength Cond Res* 18 (3): 522–528.

Thompson, C.J., Myers Cobb, K., and Blackwell, J. 2007. Functional training improves club head speed and functional fitness in older golfers. *J Strength Cond Res* 21 (1): 131–137.

Willson, J.D., Dougherty, C.P., Ireland, M.L., and Davis, I.M. 2005. Core stability and its relationship to lower extremity function and injury. *J Am Acad Orthop Surg* 13 (5): 316–325.

Willson, J.D., Ireland, M.L, and Davis, I. 2006. Core strength and lower extremity alignment during single leg squats. *Med Sci Sports Exerc* 38 (5): 945–952.

第3章

Abt, J.P., Smoliga, J.M., Brick, M.J., Jolly, J.T., and Lephart, S.M. 2007. Relationship between cycling mechanics and core stability. *J Strength Cond Res* 21 (4): 1300–1304.

Adkin, A.L., Frank, J.S., Carpenter, M.G., and Peysar, G.W. 2002. Fear of falling modifies anticipatory postural control. *Exper Brain Res* 143: 160–170.

Anderson, K., and Behm, D. 2004. Maintenance of EMG activity and loss of force output with instability. *J Strength Cond Res* 18 (3): 637–640.

Anderson, K., and Behm, D.G. 2005. Trunk muscle activity increases with unstable squat movements. *Can J Appl Physiol* 30 (1): 33–45.

Arjmand, N., and Shirazi–Adl, A. 2006. Role of intra–abdominal pressure in the unloading and stabilization of the human spine during static lifting tasks. *Eur Spine J* 15 (8): 1265–1275.

Behm, D.G. 1995. Neuromuscular implications and applications of resistance training. *J Strength Cond Res* 9 (4): 264–274.

Behm, D.G., and Anderson, K. 2006. The role of instability with resistance training. *J Strength Cond Res* 20 (3): 716–722.

Behm, D.G., Anderson, K., and Curnew, R.S. 2002. Muscle force and activation under stable and unstable conditions. *J Strength Cond Res* 16 (3): 416–422.

Behm, D.G., Drinkwater, E.J., Willardson, J.M., and Cowley, P.M. 2010a. Canadian Society for Exercise Physiology position stand: The use of instability to train the core in athletic and non–athletic conditioning. *Appl Physiol Nutr Metab* 35: 11–14.

Behm, D.G., Drinkwater, E.J., Willardson, J.M., and Cowley, P.M. 2010b. The use of instability to train the core musculature. *Appl Physiol Nutr Metab* 35: 5–23.

Behm, D.G., Faigenbaum, A.D., Falk, B., and Klentrou, P. 2008. Canadian Society for Exercise Physiology position paper: Resistance training in children and adolescents *Appl Physiol Nutr Metab* 33 (3): 547–561.

Behm, D.G., Leonard, A., Young, W., Bonsey, A., and MacKinnon, S. 2005. Trunk muscle EMG activity with unstable and unilateral exercises. *J Strength Cond Res* 19 (1): 193–201.

Behm, D.G., and Sale, D.G. 1993. Velocity specificity of resistance training. *Sports Med* 15 (6): 374–388.

Behm, D.G., Wahl, M.J., Button, D.C., Power, K.E., and Anderson, K.G. 2005. Relationship between hockey skating speed and selected performance measures. *J Strength Cond Res* 19 (2): 326–331.

Bressel, E., Willardson, J.M., Thompson, B., and Fontana, F.E. 2009. Effect of instruction, surface stability, and load intensity on trunk muscle activity. *J Electromyogr Kinesiol* 19 (6): e500–e504.

Carolan, B., and Cafarelli, E. 1992. Adaptations in coactivation after isometric resistance training. *J Appl Physiol* 73 (3): 911–917.

Carpenter, M.G., Frank, J.S., Silcher, C.P., and Peysar, G.W. 2001. The influence of postural threat on the control of upright stance. *Exp Brain Res* 138 (2): 210–218.

Carter, J.M., Beam, W.C., McMahan, S.G., Barr, M.L., and Brown, L.E. 2006. The effects of stability ball training on spinal stability in sedentary individuals. *J Strength Cond Res* 20 (2): 429–435.

Cosio–Lima, L.M., Reynolds, K.L., Winter, C., Paolone, V., and Jones, M.T. 2003. Effects of physioball and conventional floor exercises on early phase adaptations in back and abdominal core stability and balance in women. *J Strength Cond Res* 17 (4): 721–725.

Cowley, P.M., Swensen, T., and Sforzo, G.A. 2007. Efficacy of instability resistance training. *Int J Sports Med* 28 (10): 829–835.

De Luca, C.J., and Mambrito, B. 1987. Voluntary control of motor units in human antagonist muscles: Coactivation and reciprocal activation. *J Neurophysiol* 58 (3): 525–542.

Drinkwater, E., Pritchett, E., and Behm, D.G. 2007. Effect of instability and resistance on unintentional squat lifting kinetics. *Int J Sports Physiol Perform* 2: 400–413.

Engelhorn, R. 1983. Agonist and antagonist muscle EMG activity pattern changes with skill acquisition. *Res Q Exerc Sport* 54 (4): 315–323.

Freeman, S., Karpowicz, A., Gray, J., and McGill, S. 2006. Quantifying muscle patterns and spine load during various forms of the push–up. *Med Sci Sports Exerc* 38 (3): 570–577.

Gaetz, M., Norwood, J., and Anderson, G. 2004. EMG activity of trunk stabilizers during stable/ unstable bench press. *Can J Appl Physiol* 29 (Suppl.): S48.

Garhammer, J. 1981. Free weight equipment for the development of athletic strength and power: Part I. *Strength Cond J* 3 (6): 24–26.

Goodman, C.A., Pearce, A.J., Nicholes, C.J., Gatt, B.M., and Fairweather, I.H. 2008. No difference in 1 RM strength and muscle activation during the barbell chest press on a stable and unstable surface. *J Strength Cond Res* 22 (1): 88–94.

Grenier, S.G., Vera–Garcia, F.J., and McGill, S.M. 2000. Abdominal response during curl–ups on both stable and labile surfaces. *Phys Ther* 86 (6): 564–569.

Hamlyn, N., Behm, D.G., and Young, W.B. 2007. Trunk muscle activation during dynamic weight training exercises and isometric instability activities. *J Strength Cond Res* 21 (4): 1108–1112.

Hodges, P.W. 2001. Changes in motor planning on feedforward postural responses of the trunk muscles in low back pain. *Exper Brain Res* 141: 261–266.

Hodges, P.W., and Richardson, C.A. 1996. Inefficient muscular stabilization of the lumbar spine associated with low back pain. *Spine* 21 (22): 2640–2650.

Hodges, P.W., and Richardson, C.A. 1997. Relationship between limb movement speed and associated contraction of the trunk muscles. *Ergonomics* 40 (11): 1220–1230.

Hodges, P.W., and Richardson, C.A. 1999. Altered trunk muscle recruitment in people with low back pain with upper limb movement at different speeds. *Arch Phys Med Rehab* 80: 1005–1012.

Hogan, N. 1984. Adaptive control of mechanical impedance by coactivation of antagonist muscles. *Int Elec Eng J* 29: 681–690.

Holtzmann, M., Gaetz, M., and Anderson, G. 2004. EMG activity of trunk stabilizers during stable and unstable push–ups. *Can J Appl Physiol* 29 (Suppl.): S55.

Itoi, E., Kuechle, D., Newman, S., Morrey, B., and An, K. 1993. Stabilizing function of the biceps in stable and unstable shoulders. *J Bone Joint Surg* 75 (4): 546–550.

Karst, G.M., and Hasan, Z. 1987. Antagonist muscle activity during human forearm movements under varying kinematic and loading conditions. *Exper Brain Res* 67: 391–401.

Kibele, A., and Behm, D.G. 2009. Seven weeks of instability and traditional resistance training effects on strength, balance and functional performance. *J Strength Cond Res* 23 (9): 2443–2450.

Kornecki, S., Kebel, A., and Siemienski, A. 2001. Muscular cooperation during joint stabilization, as reflected by EMG. *Eur J Appl Physiol* 85 (5): 453–461.

Kornecki, S., and Zschorlich, V. 1994. The nature of stabilizing functions of skeletal muscles. *J Biomech* 27 (2): 215–225.

Koshida, S., Urabe, Y., Miyashita, K., Iwai, K., and Kagimori, A. 2008. Muscular outputs during dynamic bench press under stable versus unstable conditions. *J Strength Cond Res* 22 (5): 1584–1588.

Lear, L.J., and Gross, M.T. 1998. An electromyographical analysis of the scapular stabilizing synergists during a push–up progression. *J Orthop Sports Phys Ther* 28 (3): 148–149.

Marsden, C.D., Obeso, J.A., and Rothwell, J.C. 1983. The function of the antagonist muscle during fast limb movements in man. *J Physiol* 335: 1–13.

Marshall, P., and Murphy, B. 2006a. Changes in muscle activity and perceived exertion during exercises performed on a swiss ball. *Appl Physiol Nutr Metab* 31 (4): 376–383.

Marshall, P.W., and Murphy, B.A. 2006b. Increased deltoid and abdominal muscle activity during Swiss ball bench press. *J Strength Cond Res* 20 (4): 745–750.

McBride, J., Cormie, P., and Deane, R. 2006. Isometric squat force output and muscle activity in stable and unstable conditions. *J Strength Cond Res* 20 (4): 915–918.

McCaw, S. 1994. The comparison of muscle activity between a free weight and machine bench press. *J Strength Cond Res* 8: 259–264.

McCurdy, K., and Conner, C. 2003. Unilateral support resistance training incorporating the hip and knee. *Strength Cond J* 25 (2): 45–51.

McGill, S.M. 2001. Low back stability: From formal description to issues for performance and rehabilitation. *Exerc Sport Sci Rev* 29 (1): 26–31.

Nagy, E., Toth, K., Janositz, G., Kovacs, G., Feher–Kiss, A., Angyan, L., and Horvath, G. 2004. Postural control in athletes participating in an Ironman triathlon. *Eur J Appl Physiol* 92 (4–5): 407–413.

Noe, F., and Paillard, T. 2005. Is postural control affected by expertise in Alpine skiing? *Br J Sports Med* 39 (11): 835–837.

Norris, C.M. 2000. *Back Stability*. Champaign, IL: Human Kinetics.

Nuzzo, J.L., McCaulley, G.O., Cormie, P., Cavill, M.J., and McBride, J.M. 2008. Trunk muscle activity during stability ball and free weight exercises. *J Strength Cond Res* 22 (1): 95–102.

Payne, V.G., and Isaacs, L.D. 2005. *Human Motor Development: A Lifespan Approach*. 6th ed. Boston: McGraw–Hill.

Payne, V.G., Morrow, J.R., Johnson, L., and Dalton, S.N. 1997. Resistance training in children and youth: A meta–analysis. *Res Q Exerc Sport* 1: 80–88.

Person, R.S. 1958. EMG study of co–ordination of activity of human antagonist muscles in the process of developing motor habits. *J Vysceit Nerveun Dejat* 8: 17–27.

Sale, D.G. 1988. Neural adaptation to resistance training. *Med Sci Sports Exerc* 20 (5): 135–145.

Siff, M.C. 1991. The functional mechanics of abdominal exercise. *SA J Sports Med* 6 (5): 15–19.

Simpson, S.R., Rozenek, R., Garhammer, J., Lacourse, M., and Storer, T. 1997. Comparison between one repetition maximums between free weights ad universal machine exercises. *J Strength Cond Res* 11 (2): 103–106.

Sparkes, R., and Behm, D.G. 2010. Training adaptations associated with an 8 week instability resistance training program with recreationally active individuals. *J Strength Cond Res* 24 (7): 1931–1941.

Stone, M. 1982. Considerations in gaining a strength–power training effect (machine versus free weights): Free weights. Part II. *Strength Cond J* 4 (4): 22–54.

Vera–Garcia, F.J., Grenier, S.G., and McGill, S.M. 2002. Abdominal muscle response during curl–ups on both stable and labile surfaces. *Phys Ther* 80 (6): 564–569.

Verhagen, E.A., van Tulder, M., van der Beek, A.J., Bouter, L.M., and van Mechelen, W. 2005. An economic evaluation of a proprioceptive balance board training programme for the prevention of ankle sprains in volleyball. *Br J Sports Med* 39 (2): 111–115.

Vuillerme, N., Teasdale, N., and Nougier, V. 2001. The effect of expertise in gymnastics on proprioceptive sensory integration in human subjects. *Neurosci Lett* 311 (2): 73–76.

Wahl, M.J., and Behm, D.G. 2008. Not all instability training devices enhance muscle activation in highly resistance–trained individuals. *J Strength Cond Res* 22 (4): 1360–1370.

Willardson, J.M. 2004. The effectiveness of resistance exercises performed on unstable equipment. *Strength Cond J* 26 (5): 70–74.

Willardson, J.M., Fontana, F.E., and Bressel, E. 2009. Effect of surface stability on core muscle activity for dynamic resistance exercises. *Int J Sports Physiol Perform* 4 (1): 97–109.

第4章

Behm, D.G., Leonard, A.M., Young, W.B., Bonsey, W.A.C., and MacKinnon, S.N. 2005. Trunk muscle electromyographic activity with unstable and unilateral exercises. *J Strength Cond Res* 19 (1): 193–201.

McCurdy, K.W., Langford, G.A., Doscher, M.W., Wiley, L.P., and Mallard, K.G. 2005. The effects of short–term unilateral and bilateral lower–body resistance training on measures of strength and power. *J Strength Cond Res* 19 (1): 9–15.

Willardson, J.M. 2006. Unstable resistance training. NSCA Hot Topic Series. March.

第5章

Cook, G. 2003. *Athletic Body in Balance*. Champaign, IL: Human Kinetics.

Floyd, R.T. 2009. *Manual of Structural Kinesiology*. 17th ed. New York: McGraw–Hill.

Willardson, J.M. 2008. A periodized approach for core training. *ACSMS Health Fit J* 12 (1): 7–13.

Zatsiorsky, V.M. 1995. *Science and Practice of Strength Training*. Champaign, IL: Human Kinetics.

第7章

Cook, G. 2003. *Athletic Body in Balance: Optimal Movement Skills and Conditioning for Performance*. Champaign, IL: Human Kinetics.

French, D. 2009. The big man syndrome: Developing multidirectional speed and agility in tall athletes. Basketball Symposium presentation, NSCA National Conference, Las Vegas.

Gambetta, V. 2007. *Athletic Development: The Art and Science of Functional Sports Conditioning*. Champaign, IL: Human Kinetics.

McGill, S. 2009. Ultimate Back Fitness and Performance. Waterloo, ON: Backfitpro Inc.

Roetert, P. 2001. 3–D balance and core stability. In *High Performance Sports Conditioning*, ed. B. Foran, 119–137. Champaign, IL: Human Kinetics.

Zatsiorsky, V., and Kraemer, W. 2006. *Science and Practice of Strength Training*. Champaign, IL: Human Kinetics.

第10章

Emmert, W. 1984. The slap shot: Strength and conditioning program for hockey at Boston College. *Strength Cond J* 6 (2): 4–9.

Fredericson, M., and Moore, T. 2005. Core stabilization training for middle and long distance runners. *New Stud Athletics* 20: 25–37.

Goodman, P. 2004. Connecting the core. *NSCA' s Perform Training J* 3 (6): 10–14.

McGill, S. 2004. *Ultimate Back Fitness and Performance*. Waterloo, ON: Wabuno.

Ninos, J. 2001. A chain reaction: The hip rotators. *Strength Cond J* 23 (2): 26–27.

Porterfield, J., and Derosa, C. 1998. *Mechanical Low Back Pain: Perspectives in Functional Anatomy*. Philadelphia: Saunders.

Szymanski, D., DeRenne, C., and Spaniol, F. 2009. Contributing factors for increased bat swing velocity. *J Strength Cond Res* 23 (4): 1338–1352.

Twist, P. 2001. Hockey. In *High Performance Sports Conditioning*, ed. B. Foran, 247–256. Champaign, IL: Human Kinetics.

Wells, K., and Luttgens, K. 1976. *Kinesiology: Scientific Basis of Human Motion*. Philadelphia: Saunders.

Yessis, M. 1999. *Explosive Golf*. Toronto: Master Press.

第11章

Bangsbo, J. 1994. The physiology of soccer—with special reference to intense intermittent exercise. *Acta Physiol Scand* 150: 615.

Bangsbo, J., Nørregaard, L., and Thorsøe, F. 1991. Activity profile of competition soccer. *Can J Sport Sci* 16: 110–116.

Helgerud, J., Engen, L.C., Wisloff, U., et al. 2001. Aerobic endurance training improves soccer performance. *Med Sci Sports Exerc* 11: 1925–1931.

McGill, S. 2004. Ultimate Back Fitness and Performance. Waterloo, ON: Wabuno.

Reilly, T. 1994. Physiological profile of the player. In *Football (soccer)*, ed. B. Ekblom, 78–95. London: Blackwell.

Reilly, T., ed. 1996. *Science and Soccer*. London: Chapman & Hall.

第13章

Kovacs, M., Chandler, W.B., and Chandler, T.J. 2007. *Tennis Training: Enhancing On–Cour Performance*. Vista, CA: Racquet Tech Publishing.

Roetert, E.P., and Ellenbecker, T.S. 2007. *Complete Conditioning for Tennis*. 2nd ed. Champaign, IL: Human Kinetics.

Roetert, E.P., McCormick, T., Brown, S.W., and Ellenbecker, T.S. 1996. Relationship between isokinetic and functional trunk strength in elite junior tennis players. *Isokinet Exerc Sci* 6: 15–30.

第15章

Black, B. 1995. Conditioning for volleyball. *Strength Cond* 17 (5): 53–55.

Brumitt, J., and Meira, E. 2006. Scapular stabilization rehab exercise prescription. *Strength Cond J* 28 (3): 62–65.

Gadeken, S.B. 1999. Off–season strength, power, and plyometric training for Kansas State Volleyball. *Strength Cond J* 21 (6): 49–55.

Hedrick, A. 2000. Training the trunk for improved athletic performance. *Strength Cond J* 22 (4): 50–61.

Hedrick, A. 2002. Designing effective resistance training programs: A practical example. *Strength Cond J* 24 (6): 7–15.

Regan, D. 1996. The role of scapular stabilization in overhead motion. *Strength Cond* 18 (1): 33–38.

第16章

Gambetta, V. 2007. *Athletic Development: The Art and Science of Functional Sports Conditioning*. Champaign, IL: Human Kinetics.

Grindstaff, T.L., and Potach, D.H. 2006. Prevention of common wrestling injuries. *Strength Cond J* 28 (4): 20–28.

Kraemer, W.J., Vescovi, J.D., and Dixon, P. 2004. The physiological basis of wrestling: Implications for conditioning programs. *Strength Cond J* 26 (2): 10–15.

Newton, H. 2006. *Explosive lifting for sports*. Champaign, IL: Human Kinetics.

Yard, E.E., Collins, C.L., Dick, R.W., and Comstock, R.D. 2008. An epidemiologic comparison of high school and college wrestling injuries. *Am J Sports Med* 36 (1): 57–64.

关于NSCA

美国国家体能协会（NSCA）是体育运动训练领域的世界领先组织。美国国家体能协会的资源和专业知识均来自权威的力量与体能训练、体育科学、运动表现研究、教育和运动医学专家，旨在为教练和运动员提供世界上最可靠的知识和训练指导资源。美国国家体能协会已成为实验室和运动场之间的连接纽带。

关于编者

杰弗里·M.威拉德逊，博士，目前是查尔斯顿市的东伊利诺伊大学人体运动学和体育运动研究系的副教授，讲授的课程包括生物力学、运动生理学原理和阻力训练原理。他于2005年从亚利桑那州立大学获得运动与健康博士学位，并获得优秀毕业学者称号。开展和参与了50多项科学调查和评估，研究了负重训练对提升健康和运动表现的各方面影响。2012年作为特邀演讲嘉宾出席了巴西圣保罗国际体育科学研讨会。

威拉德逊博士是获得认证的体能训练专家，任职于大学体能教练协会教育委员会。他喜欢教学生应用科学研究的各方面成果，让学生们为成功的职业生涯做好准备。工作之余，威拉德逊博士喜欢举重和陪伴家人。

译者介绍

　　王轩，武汉体育学院运动人体科学专业硕士，国家认证的康复治疗师；2012年起就职于湖北省体育科学研究所，主要工作是为湖北省队优秀运动员进行康复和体能训练；备战2016里约奥运会身体功能训练团队体能教练，为国家游泳队（徐国义组、叶瑾组）和国家女子篮球队提供体能训练等相关服务保障；2017年被国家乒乓队聘为女一队体能教练，负责包括丁宁、刘诗雯等乒乓名将的日常体能训练指导工作。

关于撰稿人

大卫·贝姆，博士，纽芬兰纪念大学人体运动学和娱乐研究生学院的副院长。到目前为止，他发表了120篇文章，涵盖了从神经肌肉反应到阻力训练、拉伸、康复和其他生理应激源等多个领域。他曾经荣获纪念大学校长杰出研究奖，以及纪念大学研究生学院院长卓越服务奖。贝姆曾经以球员身份入选加拿大足球联赛，参加过青少年冰球队，获得过加拿大省级网球和壁球冠军，目前参加过4场马拉松慢跑。

埃里克·蔡尔兹，教育学硕士，CSCS，CPT，宾夕法尼亚州立大学的人体运动学讲师和健康与体育教育实习教师主管。作为前美国最佳摔跤运动员，蔡尔兹给宾夕法尼亚州立大学摔跤队做了10年的助理教练和体能教练。在进入宾夕法尼亚州立大学之前，他曾担任得克萨斯州游骑兵棒球队一个赛季的体能教练。蔡尔兹曾经是高中健康与体育教育和重量训练教官。他还曾在南佛罗里达教授摔跤课程。

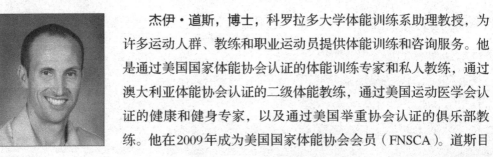

杰伊·道斯，博士，科罗拉多大学体能训练系助理教授，为许多运动人群、教练和职业运动员提供体能训练和咨询服务。他是通过美国国家体能协会认证的体能训练专家和私人教练，通过澳大利亚体能协会认证的二级体能教练，通过美国运动医学会认证的健康和健身专家，以及通过美国举重协会认证的俱乐部教练。他在2009年成为美国国家体能协会会员（FNSCA）。道斯目前担任*Journal of Sport and Human Performance*的共同主编，是*Strength and Conditioning*

Journal 的专栏编辑，是 *Journal of Australian Strength and Conditioning* 的副主编。

　　詹姆斯·迪纳索，文科硕士，Body Club 的所有者之一。Body Club 是一家位于伊利诺伊州查尔斯顿市的私人训练和体育运动训练机构。在伊利诺伊州威洛布鲁克市 Velocity Sports Performance 训练机构开办的头两年，他曾任该机构主管运动表现的主任。他的教练经验超过 23 年，已经帮助成千上万的运动员实现健身和表现运动目标，其中包括来自美国国家橄榄球联盟和美国职业棒球大联盟的专业运动员。迪纳索的力量和爆发力发展专业技能来自多年的奥林匹克式举重教学经验，他在自己的举重俱乐部为全国各地的学龄儿童进行授课。他也是非常受欢迎的演讲嘉宾，多次受邀出席州和全国性会议，包括美国国家体能协会运动专项训练会议、弗兰克·格莱齐尔足球会议和美国国家体能协会州座谈会。他的文章被刊登在国家级刊物上。迪纳索拥有东伊利诺伊大学的运动科学硕士学位，是通过美国国家体能协会认证的体能训练专家和通过认证的私人教练。自 2011 年起，迪纳索开始担任美国国家体能协会伊利诺伊州办公室的主任。

　　艾伦·赫德里克，文科硕士，科罗拉多州立大学普韦布洛分校的体能训练主教练。他在科罗拉多州立大学普韦布洛分校教授重量训练和高级重量训练课程，并在科罗拉多大学科罗拉多斯普林斯分校为研究生教授体能训练课程。赫德里克拥有加利福尼亚州立大学弗雷斯诺分校运动科学的硕士学位。他撰写的关于体能训练的文章已经超过 100 篇。2003 年，他被美国国家体能协会评为年度体能教练。赫德里克不仅是通过认证的体能训练专家，还是在美国国家体能协会注册的体能训练教练，并且获得该协会的杰出会员奖。赫德里克喜欢和大学生运动员在一起，帮助他们提高运动成绩。

　　杰弗里·基普，文科硕士，2004 年作为一名助理体能教练开始了在美国空军学院的教练生涯。他主要负责美国空军学院冰球队的速度、力量和训练计划等方面的工作。他还曾与猎鹰橄榄球队、曲棍球队、田径队和越野队合作。在此之前，基普曾经是科罗拉多州丹佛市和埃弗格林市 Velocity Sports Performance 训练机构的运动表现教练，是丹佛大学的助理体能训练教练以及科罗拉多矿业学院的训练协调员。

基普于1995年在得克萨斯A&M大学（得州农工大学）获得人体运动学的学士学位，并于2004年在北科罗拉多大学获得运动科学硕士学位。基普拥有美国国家体能协会颁发的体能训练专家证书，通过了美国国家速度和爆发力协会的认证，并担任该协会在科罗拉多州的州主任。基普是美国大学体能训练教练协会、美国举重协会和美国田径协会会员。

马克·科瓦奇，博士，运动表现生理学家、研究员、作者、演讲者和教练，在训练、培养运动员教练员及不同水平的运动人群方面拥有丰富的经验。他曾经是美国网球协会体育科学、体能训练和教练教育部门的主任。他曾对国际网球表现协会（ITPA）的创立起到关键作用。他现在是美国运动医学会会员，在顶级期刊发表过经同行评审的超过50篇科学文章和文摘，而且曾经是 *Strength and Conditioning Journal* 副主编。科瓦奇目前是多家期刊的编辑委员会成员，其中包括 *Journal of the International Society of Sports Nutrition*。到目前为止，他已经在四大洲做过研讨会、主题发言和超过100次演讲。科瓦奇原籍澳大利亚墨尔本，在奥本大学期间曾获得全美及美国大学体育协会网球双打冠军。在参加职业比赛之后，他从阿拉巴马大学获得运动生理学博士学位。科瓦奇是美国国家体能协会认证的体能训练专家，ITPA认证的网球表现专家，美国运动医学会认证的健康和健身专家，经认证的美国田径二级短跑教练和网球教练。他出版了5本关于动态拉伸和恢复等主题的书，组织了许多体育科学会议。他在2010年获得Plagenhoef体育科学成就奖，并在2012年获得国际网球名人堂教育优异奖。

拉斯·马洛伊，CPT，CSCS，Heart of a Champion 训练机构的所有者和体能总教练。马洛伊为运动员和非运动员提供训练计划，帮助他们实现竞技目标和锻炼需求。他曾经服务于几个组织，包括美国国家高校学者协会（NSCS）的篮球特别兴趣小组（SIG），帮助SIG成员创造继续教育机会。马洛依生活在科罗拉多州的博尔德，是业余篮球、垒球、足球、冰球、足球、网球、高地比赛和大力士比赛、奥林匹克举重、巴西柔术、泰国拳跆道和混合武术（MMA）运动员的体能教练。他还经常进行苏格兰举重和巴西柔术训练并参加比赛。

帕特里克·麦克亨利，文科硕士，科罗拉多州城堡石市城堡高中的体能主教练。他为举重训练课程设计举重、速度和敏捷性训练计划，并与该校20个运动队合作。麦克亨利也是美国国家体能协会 *Strength and Conditioning Journal* 的副主编和 *Performance*

Training Journal 的撰稿人。麦克亨利获得了北科罗拉多大学体育教育硕士学位，主攻人体运动学。他是通过认证的杰出体能训练专家（CSCS*D）和美国国家体能协会的注册力量教练。他还是美国举重协会认证的俱乐部教练。麦克亨利于2003年被*American Football Monthly* 杂志评为地区年度最佳力量教练，并于2005年获得美国国家体能协会高中年度最佳力量教练。在2006年，他获得*Strength and Conditioning Journal* 的优秀编辑奖。麦克亨利在2010年获得健身、运动与营养总统委员会的美国力量奖。他在2012年被评为科罗拉多州最佳高中体育教师。

托马斯·W. 内瑟，博士，印第安纳州立大学人体运动学、娱乐和运动系的副教授，他的主要工作是开发和教授人类运动表现和体能训练方面的课程。他自1990年以来一直是美国国家体能协会会员，并在1993年成为通过认证的训练专家。内瑟博士是美国国家体能协会在印第安纳州的前任主任，而且是美国国家体能协会教育委员会的成员。他拥有圣奥拉夫学院的运动科学学士学位，拥有内布拉斯加大学奥马哈分校的硕士学位，以及拥有明尼苏达大学的人体运动学博士学位。内瑟的研究领域是人类运动表现，特别是核心肌肉对运动表现的影响。

布里杰什·帕特尔，文科硕士，昆尼皮亚克大学体育系首席体能训练教练，主要负责男子、女子篮球以及冰球队，同时也负责监督21支校运动队的体能训练发展。他对运动员的常年准备和营养特别感兴趣。帕特尔曾经在马萨诸塞州伍斯特市圣十字学院当过体能训练助理教练。在此之前，帕特尔是康涅狄格大学研究生体能训练助理教练，执教女子冰球、女子棒球、男子和女子游泳及潜水队、女子越野运动队，并协助执行男子篮球和足球训练计划。

帕特尔在2003年1月期*Pure Power Magazine* 上发表过一篇文章。他是各地功能性会议的特邀演讲嘉宾，其中包括美国国家体能协会宾夕法尼亚州朱尼亚大学体能训练座谈会，迈克·博伊尔功能性力量教练研讨会，迈克·博伊尔冬季研讨会，以及运动表现研讨会。帕特尔获得美国国家体能协会、美国举重协会和红十字会的认证。他还是SB教练学院的创始人和合伙人。他拥有康涅狄格大学人体运动学学士学位和体育运动管理硕士学位。

乔尔·雷特尔，教育学硕士，自2007年以来一直担任美国全国冰球联盟科罗拉多

猛犸冰球队的运动表现主任。他是2009—2011年美国国家体能协会教育项目的协调员。他的教练生涯包括2002—2009年在丹佛大学、2000—2002年在内布拉斯加大学卡尼分校担任体能训练助理教练。雷特尔在内布拉斯加大学卡尼分校获得运动科学的学士和硕士学位。他是通过认证的杰出体能训练专家（CSCS*D），而且是美国国家体能协会注册的杰出体能训练教练。

雷特尔是*101 Agility Drills*和*101 Sand Bag Exercises*这两本书的合著者，而且是*Fit Kids for Life*和*Developing Agility and Quickness*的特约作者。他发表了许多经同行评审的文章，并出版了许多通俗读物和DVD训练光盘。他训练过各种级别的运动员，包括来自高中、美国大学体育协会、美国国家冰球联盟、美国国家橄榄球联盟、美国国家袋棍球联盟、美国职业袋棍球大联盟、美国职业足球大联盟、世界杯滑雪协会、美国女子职业高尔夫球协会的运动员。雷特尔教过许多全美最佳的运动员和两个奥林匹克运动员。他还指导过超过15场分区冠军赛和超过10场全国大学生冠军赛。雷特尔是运动表现沙袋训练系统（PST）和运动性能教育协会（TPEA）的创始人之一。

斯科特·雷瓦尔德，博士，美国奥林匹克委员会（USOC）冬季运动高水平表现主任，负责监督一个由体育科学专家组成的团队，并与冬季运动全国理事机构合作，帮助开发服务和支持策略，让美国运动员为以奥运会和世界锦标赛为重点的国际比赛做好准备。雷瓦尔德拥有生物力学和生物医学工程背景，分别获得波士顿大学和西北大学的本科和硕士学位。在加入美国奥林匹克委员会之前，雷瓦尔德任美国游泳协会生物力学主任和美国网球协会体育科学管理员。

格雷格·罗斯，获得职业认证的整脊疗法医生，拥有马里兰大学的工程学位。罗斯的专长是评估和治疗高尔夫球运动员、三维生物力学、体能训练、手法治疗、康复、营养补剂和运动疗法。罗斯将人体机能专业知识和工程背景相结合，帮助开创了分析高尔夫挥杆动作的三维运动捕获模型。这项研究帮助世界各地的职业高尔夫球员更好地了解了在高尔夫挥杆过程中身体是如何工作的。自1996年以来，罗斯已经帮助成千上万不同级别的高尔夫球运动员达到了运动表现高峰。罗斯将先进功能性训练研究与特定于高尔夫球的运动学习训练相结合，使他成为顶尖的高尔夫球体能训练专家。罗斯还帮助开发了选择性功能运动评估（SFMA），这是一种革命性运动评估方法，有助于发现运动控制偏差，指导医务人员更有效地治疗患者。

罗斯频繁在高尔夫球频道亮相，该频道是 *Titleist Performance Institute* 每周节目的一部分。TPI认证研讨会系列让罗斯成为高尔夫球健康和健身领域最受欢迎的演讲嘉宾之一。到目前为止，他已经在超过21个国家和地区讲学，许多高尔夫球和新闻出版物都介绍过罗斯。

布拉德·舍恩菲尔，理科硕士，被广泛视为美国影响力最大的力量训练和健身专家之一。舍恩菲尔是纽约市立大学莱曼学院运动科学系的讲师，也是该校的人类运动表现实验室的主任并且在2011年获得美国年度最佳私人教练称号。舍恩菲尔著有其他8本关于健身的书，包括 *The M.A.X.*、*Muscle Plan*、*Women's Home Workout Bible*、*Sculpting Her Body Perfect*、*28-Day Body Shapeover* 和畅销书 *Look Great Naked*。他曾经是 *FitnessRX for Women* 杂志的专栏作家，几乎所有主要的健身杂志都登过他的文章或介绍过他，包括 *Muscle and Fitness*、*Ironman* 和 *Shape*，在美国各地参加过大量电视和广播节目。舍恩菲尔是通过美国国家体能协会、美国运动委员会和美国运动医学会认证的体能训练专家和私人教练，被IDEA健康和健身协会授予杰出培训师的称号。他经常给职业和非职业水平的运动员做讲座。他是洛基山大学的博士生，主攻肌肉增大的机制及其在阻力训练中的应用。

大卫·希曼斯基，博士，路易斯安那科技大学人体运动学系的副教授，应用生理学实验室的主任，以及棒球体能训练主教练。他在该校还获得Eva Cunningham讲座教授职位。他是通过认证的杰出体能训练专家（CSCS*D）和美国国家体能协会的注册荣誉体能训练教练、资深会员和副主席，教授体能训练、运动生理学和运动设计方面的课程。他在2004年获得奥本大学的运动生理学博士学位，2001年曾荣获优秀研究生奖。他从那时起开展或参与了50多项科学调查和评估，研究了运动表现的各个方面。他的研究主要集中在如何改善棒球和垒球运动员的运动表现方面。他曾经是塔尔萨市的Velocity Sports Performance训练机构的体育运动表现主任。他在奥本大学棒球队做了5年运动生理学家和2年的棒球志愿助理教练，并在得克萨斯州的路德大学做了4年的助理棒球教练和举重指导员。